dtv

Wie lässt sich Montessori-Pädagogik, seit langem fester Bestandteil der Kindergarten- und Grundschulerziehung, im häuslichen Umfeld, in der Familie umsetzen? Diese Frage beantwortet Claudia Schäfer in ihrem pragmatischen und kompetenten Ratgeber. Sie erläutert Menschenbild und Erziehungsziele der Montessori-Pädagogik und gibt konkrete methodische Vorschläge für den familiären Erziehungsalltag. Ihr umfassender Blick beachtet Möglichkeiten und Grenzen des montessorischen Erziehungskonzepts und zeigt dessen Aktualität und besondere Tauglichkeit für die heutige Familie auf.

M. A. Claudia Schäfer, geboren 1963, studierte Erziehungswissenschaften und ist Inhaberin des Montessori-Diploms. Sie war am Aufbau einer Montessori-Grundschule beteiligt, dort als Lehrerin tätig und hält regelmäßig Seminare und Vorträge zu pädagogischen Themen. Sie lebt mit ihrem Mann und ihren zwei Töchtern in Freiburg.

Claudia Schäfer

Montessori für zu Hause

Deutscher Taschenbuch Verlag

Von Claudia Schäfer außerdem bei <u>dtv</u> erschienen:
Montessori in der Pubertät (34195)

Originalausgabe
Mai 2002
4. Auflage Juli 2006
© Deutscher Taschenbuch Verlag GmbH & Co. KG, München
www.dtv.de
Das Werk ist urheberrechtlich geschützt.
Sämtliche, auch auszugsweise Verwertungen bleiben vorbehalten.
Umschlagkonzept: Balk & Brumshagen
Umschlagfoto: IFA-Bilderteam/IT-tpl
Satz: Offizin Wissenbach, Höchberg bei Würzburg
Gesetzt aus der Minion
Druck und Bindung: Druckerei C. H. Beck, Nördlingen
Gedruckt auf säurefreiem, chlorfrei gebleichtem Papier
Printed in Germany
ISBN-13: 978-3-423-36273-3
ISBN-10: 3-423-36273-1

Inhalt

Für Mirka und Larissa, stellvertretend für alle Kinder

Einführung

Wir alle kennen das: Da geben wir uns als Eltern die größte Mühe, um es in der Erziehung mit unseren Kindern richtig zu machen, doch letztendlich weiß niemand genau, was das Richtige ist. Obwohl es mittlerweile viele Bücher über Erziehung gibt, wissen wir im konkreten Familienalltag nicht immer die richtige Antwort auf die Fragen, die uns da begegnen: Mein Kind schreit so laut, bis es seinen Willen bekommt, und tyrannisiert damit die ganze Familie – machen wir etwas falsch? Welches Spielzeug ist in welchem Alter gut? Müssen Kinder um acht Uhr schlafen? Was kann ich tun, wenn mein Kind nur herumsitzt?

Diese und viele weitere Fragen haben auch die Eltern in meinen Seminaren und Diskussionen formuliert. Dabei stellten wir fest, wie schwierig es ist, Antworten zu finden, die für die eigene Familie und das eigene Kind hilfreich sind. Woher sollen wir Eltern das Wissen für die Erziehung nehmen? Wo uns doch niemand auf die konkreten Aufgaben innerhalb der Familie vorbereitet hat. Für alles Mögliche müssen wir uns weiterbilden und eine Prüfung ablegen: vor allem im Berufsleben, um notwendige Fertigkeiten und entsprechende Sozialkompetenzen zu erlernen. Wer aber bildet uns Eltern aus? Haben wir nicht auch das Recht auf angemessene Ausbildung, auf angemessenes Wissen für eine der größten Aufgaben der Menschheit, nämlich der Erziehung? Wohl schon, vor allem weil die Erziehung in der Familie mittlerweile eine ausgesprochen schwierige Angelegenheit geworden ist.

Nicht zuletzt auch, weil sich die Familien- und die Lebenssituationen rasant verändern und die Erziehung sich immer widersprüchlicheren Anforderungen stellen muss: Da hören wir, Kinder brauchen geordnete und sichere Verhältnisse, aber jede dritte Ehe wird geschieden und ist immer seltener ein Ort der Sicherheit. Da heißt es, wir Eltern sollen mehr Zeit für unsere Kinder haben, andererseits sind unsere Lebenshaltungskosten so hoch, dass in der Regel beide Elternteile arbeiten und zudem viel leisten müssen, um nicht ihren Arbeitsplatz zu verlieren. Da sollen Eltern ruhig und geduldig mit ihren Kindern umgehen, leben aber selber in Hast und Eile und sind manchmal einfach angespannt und müde.

Warum wird die Erziehung so wenig als Arbeit anerkannt? Eine Arbeit, die man erlernen muss und die einen Rahmen braucht. Zum Beispiel durch einen angemessenen Lohn – immerhin erziehen die Eltern die neuen Gesellschaftsmitglieder. Eine Arbeit, bei der man ein Recht auf Ferien von der Familie haben sollte. Und eine Arbeit, für die man angemessene Fortbildung erhalten sollte.

Jeden Tag haben wir Eltern die unterschiedlichsten Aufgaben zu erfüllen: Zeitmanagement, Kochen, Gesundheits- und Krankenpflege, Trösten, Spielen und Unterhalten, das »Team« leiten und organisieren, Streit schlichten, Hausaufgaben betreuen und vieles, vieles mehr. Wir Eltern sollen diese Aufgaben übernehmen, doch woher haben wir die dafür notwendigen Kompetenzen? Da reicht es nicht aus, dass man selber mal erzogen wurde und entweder das Gleiche wiederholt oder versucht, genau das Gegenteil von dem zu machen, was unsere Eltern gemacht haben. Und auch der mütterliche Instinkt, von dem man gar nicht weiß, ob und inwiefern es ihn überhaupt gibt, genügt nicht. Ebenfalls reicht unsere Liebe, von der wir immer wieder lesen und hören und die wir unseren Kindern gegenüber empfinden, nicht aus.

Dabei stellt sich die Frage, ob diese Liebe bei Müttern und Vätern von vornherein da ist oder ob sie nicht erst wachsen muss?

Hinzu kommt, »LIEBE alleine genügt nicht«[1] in der Kindererziehung und in der Familie insgesamt. Um was also geht es in der Erziehung? Maria Montessori meint: »*Wir müssen Kinder lieben, aber das genügt nicht, wir müssen ihnen zu tun geben.*«

Anstatt auf die elterlichen Instinkte, die Liebe und die vielen Alltagstheorien zu hören, ist es wichtiger, nach passenden Techniken und angemessenen Methoden zu fragen. Diese können wir Eltern erlernen und damit einen Rahmen schaffen, in dem unsere elterliche Liebe – und die des Kindes – wachsen kann. Bevor wir Eltern daran verzweifeln, ob wir dieser großen Verantwortung überhaupt gewachsen sind, sollten wir nachforschen, wo unsere individuellen Stärken und Schwächen liegen und, daran anknüpfend, in kleinen Schritten die uns noch fehlenden notwendigen Techniken der Kindererziehung erlernen.[2]

Warum es nicht so wie in der Berufsvorbereitung machen? Denn die Techniken der Säuglingspflege, der menschlichen Kommunikation und der »Vorbereitung der kindlichen Umgebung« sind bereits formuliert, und sie sind erlernbar. Einige davon möchte dieses Buch vorstellen und damit neue Perspektiven in der Erziehung eröffnen. Vielleicht macht es Mut, unsere teilweise übertriebenen Verantwortungsgefühle und »alten« Verhaltensmuster zu verändern und darauf zu vertrauen, dass unsere eigenen Kinder uns den Weg in der Erziehung zeigen können. Ich möchte allerdings aus eigener Erfahrung vorausschicken, dass dies nicht von heute auf morgen gelingt, sondern ein lebenslanger Lernprozess ist. Und damit sind auch nicht alle Probleme in der Familie vom

---

[1] S. hierzu auch Bruno Bettelheim: Kinder brauchen Märchen. München 1980.
[2] Daneben wären allerdings auch familienpolitische Veränderungen sinnvoll und hilfreich.

Tisch. Doch einzelne Techniken sind gar nicht so schwer zu erlernen und verbessern unsere Beziehung zum Kind.

Wir lassen niemanden eine Firma leiten, der nicht vorher sein »Handwerk« erlernt hat. Lassen Sie uns deshalb auch die »Leitung« der Familie und die Erziehung erlernen.

Nach wie vor reichen die zahlreich erschienenen Bücher über Erziehung kaum aus, nicht zuletzt auch, weil viele davon eher allgemein oder wissenschaftlich und nicht konkret und praktisch genug formuliert sind. Denn jedes Kind und jede Familie ist so unterschiedlich, dass uns allgemeine Formulierungen nicht weiterhelfen. Deshalb will dieser Ratgeber versuchen, ein pädagogisches Konzept auf konkrete Erziehungssituationen zu übertragen.

Was sagt das Montessori-Konzept zu den Fragen, die wir Eltern haben? Können wir in dieser Pädagogik konkrete, praktische Anregungen finden, die ursprünglich für Institutionen, das heißt Kinderhäuser und Grundschulen, konzipiert wurden? Es war mir wichtiger, einige der vielen Fragen aus Familiensituationen aufzugreifen, als dem Anspruch gerecht zu werden, die Montessori-Pädagogik in ihrer Gesamtheit vorzustellen (zu der es bereits ausführliche Bücher gibt: Vgl. die Literaturangaben im Schlussteil).

Zum Aufbau dieses Buches:
Zur Information und zum besseren Verständnis wird im ersten Kapitel die Biografie Maria Montessoris kurz vorgestellt, die eng mit dem Montessori-Konzept verbunden ist. Im Anschluss daran stellen wir uns die Frage, ob diese bereits vor ca. hundert Jahren konzipierte Pädagogik auch heute noch aktuell ist. Im dritten Kapitel befassen wir uns mit der Frage, was Erziehung eigentlich ist, denn es geht in diesem Ratgeber nicht in erster Linie um die Montessori-Pädagogik, sondern um unseren Erziehungsalltag. Daran anschließend ist dargestellt, was die Montessori-Pädagogik

zu den verschiedenen grundsätzlichen Bereichen der Erziehung vorschlägt. Dabei sind jene Anregungen ausgewählt, die sich auf unseren Familienalltag übertragen lassen. Im letzten Kapitel wird die Wahl der Schule besprochen, da dies viele Fragen in der Familie aufwirft. Auch wenn es viele praktische Anregungen und überzeugende Perspektiven in der Montessori-Pädagogik gibt, finden Sie im Schlussteil die Grenzen dieses Konzeptes benannt. Sie sollen dazu einladen, einzelne Aspekte dieser Pädagogik mit moderneren »Techniken« und mit unseren persönlichen Bedürfnissen zu verbinden.

Am Ende dieses Ratgebers haben Sie, liebe Leserin, lieber Leser, sicher noch mehr Fragen oder auch andere Antworten und Ideen. Ich wünsche Ihnen, dass Sie in Ihrer Nähe Eltern und PädagogInnen finden, mit denen Sie sich austauschen und bestärken können.

Bevor ich zu den Inhalten übergehe, möchte ich an dieser Stelle einigen Menschen ganz herzlich für ihre Anregung und Unterstützung danken: So allen meinen KursteilnehmerInnen (leider waren in all den Jahren nur drei Männer dabei) für die interessanten Fragen und Diskussionen sowie meinen Freundinnen für die wichtigen Gespräche und anerkennenden Worte. Ich danke auch den vielen Kindern und Jugendlichen, die mich den pädagogischen Alltag lehren und meine Ideale auf ein realistisches Maß bringen. Mein ganz besonderer Dank gilt meinen zwei Töchtern, von denen ich täglich viel »lerne«, sowie meinem Mann, der mich immer wieder bestärkt hat, dieses Buch zu schreiben. Außerdem danke ich meinen Eltern, die uns vier Kinder immer gut unterstützen. Und ich danke meiner Lektorin und dem <u>dtv</u> sehr für das mir entgegengebrachte Vertrauen bereits vor der Fertigstellung meines Buches.

Das Leben einer willensstarken und talentierten Frau: Maria Montessori

Maria Montessori ist eine der bekanntesten Pädagoginnen des 20. Jahrhunderts und ihre pädagogischen Prinzipien beeinflussen weltweit die Erziehung in Kindergärten und Schulen. Aber ihr pädagogisches Werk und ihre Biografie sind bei weitem nicht so vertraut wie ihr Name.

Wer war diese Frau, welche Talente hatte sie, die versuchte, eine neue Erziehungswissenschaft zu begründen?

Lebensbedingungen und Kindheit zur Zeit von Maria Montessori

Maria Montessori wurde am 31. August 1870 in Chiaravalle in der Provinz Ancona geboren. Es war eine Zeit der politischen Veränderungen (die Nation Italien wurde ausgerufen) und des technischen Wandels. Für den Großteil der italienischen Bevölkerung brachte dies jedoch nicht direkt eine Verbesserung der Lebenssituation. Nach wie vor lebten sie als kleine Bauern oder FabrikarbeiterInnen in Abhängigkeit und Elend. Selbst die vielen Menschen, die in die Städte zogen und hofften, dort Arbeit in den neuen Fabriken zu finden, landeten häufig in den wachsenden Elendsvierteln. Bald schon waren die Städte übervölkert. Nur ca. fünf Prozent der männlichen Bevölkerung besaßen das Wahlrecht und nur wenige verfügten über Besitz und Bildung und damit über Rechte und Macht.

Im Jahr 1860 waren noch über drei Viertel aller Einwohner Italiens Analphabeten. Denn die meisten Kinder mussten früh für den Unterhalt der Familie mitsorgen, so dass sie für einen Schulbesuch keine Zeit hatten. Diejenigen, die der (seit 1856) allgemeinen Schulpflicht nachkommen konnten, waren einem starren und strengen Schulalltag ausgesetzt. Es galt, Wissen auswendig zu lernen, züchtig und bewegungslos in den schreberischen[3] Schulbänken zu sitzen, und auch in den Familien herrschte ein strenger, patriarchalischer Ton. Denn Kinder wurden als minderwertige Noch-Nicht-Erwachsene gesehen, die von Eltern und ErzieherInnen zu formen seien.[4] Für Mädchen war eine höhere Schulbildung nicht vorgesehen, nur einigen wenigen aus reichem Elternhaus war es möglich, ein LehrerInnenseminar zu besuchen.

Hinzu kam, dass im 19. Jahrhundert die meisten Familien weit mehr Kinder hatten als wir heute und dass viele Kinder nicht als Wunschkinder auf die Welt kamen. So empfanden etliche Eltern (laut Briefen und Schriften aus dieser Zeit) die Kinder oftmals eher als Last denn als Freude.[5]

Um die Jahrhundertwende, in der Zeit des allgemeinen Wandels, gerieten denn auch das kasernenhafte Schulsystem, die starren Lehrverfahren und der schematische Lehrplan ebenso wie die traditionellen bürgerlichen Erziehungsvorstellungen in die Krise. Man rief plötzlich das »Jahrhundert des Kindes« aus, und viele

---

[3] Die Schulbank war damals fest mit dem Schultisch verbunden und konnte von den SchülerInnen nicht zurechtgerückt werden.
[4] Siehe auch die Beschreibungen von Maria Montessori sowie von damaligen SchriftstellerInnen und anderen ReformpädagogInnen, ihre Klagen über die Kindergärten und die passiven Kinder dort.
[5] Elisabeth Beck-Gernsheim: Vom Geburtenrückgang zur neuen Mütterlichkeit, Frankfurt 1985. Elisabeth Badinter: Die Mutterliebe, München 1988.

»Reformpädagogen« (Kerschensteiner, Litt, Petersen usw.) setzten sich für eine Pädagogik ein, die vom Kind ausging. Ja sogar die gesamte Kultur der damaligen Zeit wurde infrage gestellt, und es wurde nach neuen Werten und Lebensvorstellungen gesucht.

Auch Maria Montessori setzte sich in ihrem Leben zunehmend mit diesen Fragen auseinander und schuf viele pädagogische Antworten, indem sie eine kindgerechte Methode entwickelte.

Die erste promovierte Ärztin Italiens

Maria Montessori wuchs als einzige Tochter einer bürgerlich-katholischen Familie auf. Ihr Vater war Finanzbeamter und ihre Mutøter Tochter eines Gutsbesitzers. Zwar war der Vater für politische Neuerungen eingetreten, aber im Alltag war es wohl eher Maria Montessoris Mutter, die sich Neuem gegenüber aufgeschlossen zeigte.

Bald nachdem die Familie Montessori nach Rom umgezogen war, kam Maria Montessori in die Schule, die noch den alten Lehrplan mit starren Lehrverfahren vermittelte. Bereits hier zeigte sie selbstständiges und kritisches Denken: Sie wehrte sich bald gegen die Schranken zwischen Jungen und Mädchen und gegen das unreflektierte Auswendiglernen. Ihre Grundeinstellung, der sie ihr Leben lang treu blieb, lautete: *Veränderung ist möglich. Wir müssen sie nur machen.* Mit dieser Einstellung setzte sie später sogar revolutionäre Forderungen durch.

Früh zeigte sich das besondere Interesse von Maria Montessori an Mathematik. Schon ihr Vater hatte Mathematik studiert. Obwohl dieses Fach den Jungen vorbehalten war, entschied sie sich nach ihren sechs Grundschuljahren für eine technisch-mathematisch orientierte Schule und plante, Ingenieurin zu werden. Das naturwissenschaftlich-logische Denken spiegelt sich in ihren späteren Erziehungsprinzipien und in den Montessori-Materialien wider.

Doch neben diesem logischen Denken schien diese Frau auch über ein großes Vertrauen in sich und ihre Intuition zu verfügen. Wie in ihrer Biografie berichtet wird, fällte sie einige ihrer Lebensentscheidungen völlig spontan. So überraschte sie eines Tages ihre Eltern damit, dass sie nun Medizin studieren wolle. Ein Studium, zu dem Frauen in Italien bis dahin eigentlich nicht zugelassen wurden. Bei ihrer ersten Anmeldung erhielt sie eine Ablehnung. Deshalb schrieb sie sich für Physik, Mathematik und Naturwissenschaften ein und bestand zwei Jahre später erfolgreich die Prüfungen.

Beharrlich setzte sie sich anschließend wieder für ihr geplantes Medizinstudium ein, suchte gar bei öffentlichen Stellen Unterstützung. Sogar Papst Leo XIII. soll ihr geholfen haben, und so wurde sie als Medizinstudentin angenommen. Mit Ausdauer, Können und Kraft bewährte sie sich in dieser Männerdomäne. Selbst die Tatsache, dass sie als Frau nur alleine abends Leichen sezieren durfte, schreckte sie nicht. 1896 schloss sie ihr Studium erfolgreich ab, nachdem sie kurz zuvor in einem Fachvortrag die männlichen Skeptiker und auch ihren bis dahin kritischen Vater überzeugt hatte. Als erster Frau Italiens wurde ihr der Doktortitel im Fach Medizin verliehen. Dadurch erlangte sie in ganz Italien Popularität.

Im gleichen Jahr reiste sie als gewählte Vertreterin Italiens nach Berlin, wo sie eine Rede auf dem ersten internationalen Frauenkongress hielt. Maria Montessori engagierte sich hier für die Rechte der Frauen, ohne sich jedoch in feministische Denkschablonen einordnen zu lassen.

Nach Abschluss des Studiums begann sie als Ärztin in einer eigenen Praxis und u.a. an der psychiatrischen Universitätsklinik in Rom zu arbeiten. Eine ihrer dortigen Aufgaben war es, andere psychiatrischen Kliniken zu besuchen. In einer Anstalt für geistig behinderte Kinder – damals als »Idiotenasyl« bezeichnet – beobachtete sie etwas, das ihr pädagogisches Interesse weckte: Sie wurde in einen Raum geführt, in dem behinderte Kinder untätig herumsaßen. Die Anstaltswärterinnen beschwerten sich bei Dr. Montessori über eine Angewohnheit dieser Kinder. Sie würden mit dem Brot, das sie zu essen bekamen, herumspielen, dreckige Brotstücke vom Boden aufheben, es in den Händen zerquetschen und im Mund hin und her bewegen. Nachdem Maria Montessori sich in dem leeren, kargen Raum umgeschaut hatte, verstand sie den »Spielhunger« dieser Anstaltskinder. Es gab dort nichts, was sie berühren, befühlen und woran sie ihre Augen, Hände und Ohren hätten üben können.

Mit einigen dieser Kinder begann Maria Montessori zu arbeiten und widerlegte das damals immer noch vorherrschende Vorurteil, dass geistig behinderte Kinder nicht lernfähig seien. Sie beschäftigte sich mit den wichtigsten pädagogischen Schriften der letzten Jahrhunderte (Perrera, Rousseau, Pestalozzi, Fröbel) und fand vor allem in den Werken der Franzosen Jean-Marc Itard (1774–1834)[6] und seinem Schüler Edouard Seguin (1812–1880) vieles, was auch sie aufgrund eigener Beobachtungen für beachtenswert hielt.

Bereits Seguin hatte Materialien entwickelt, mit denen sich geistig behinderte Kinder sinnvoll beschäftigen und sogar selber kontrollieren konnten, ob sie es richtig gemacht hatten. Zum Beispiel geometrische Körper, die in passende Aussparungen zu legen waren, Übungen für das Auf- und Zuknöpfen, Materialien, die sensorische Eindrücke wie auch motorische Fertigkeiten für Verrichtungen im täglichen Leben trainierten. Seguins Arbeit hatte bestätigt, dass es möglich war, behinderte Kinder zu bilden.

---

[6] Itard wurde v.a. bekannt durch seine Beobachtungen, Beschreibungen und die Erziehung eines »Wildkindes«.

In der Zeitschrift ›Roma‹ veröffentlichte Maria Montessori 1898 ihre Erkenntnisse und setzte sich auf dem Turiner Pädagogik-Kongress vor ca. 3000 TeilnehmerInnen für Erneuerungen in der Erziehung geistig behinderter Kinder ein. Sie regte an, neue Sonderschulen mit veränderter pädagogischer Methode einzurichten und besondere Ausbildungskurse für ErzieherInnen und LehrerInnen durchzuführen. Auch hier überzeugte Maria Montessori durch rhetorische und fachliche Brillanz.

Im darauf folgenden Jahr gründete die »Nationale Liga für die Erziehung behinderter Kinder« eine Modellschule, an der LehrerInnen ausgebildet und gleichzeitig behinderte Kinder unterrichtet wurden. Man übertrug Maria Montessori die Leitung dieser Einrichtung. Hier hatte sie die Möglichkeit, die Materialien von Seguin intensiv weiterzuentwickeln.

Einige der behinderten Kinder, mit denen Maria Montessori gearbeitet hatte, bestanden im Lesen und Schreiben die Prüfungen an der staatlichen Grundschule – und bestanden sie zum Teil sogar besser als die »normalen« Kinder. Woraufhin Maria Montessori sich die Frage stellte, wie sich dann erst normal begabte Kinder entwickeln würden, wenn auch sie eine entsprechende Förderung erhielten. Ihr Wunsch, diese neue Methode mit Grundschulkindern zu erproben, wuchs.

Während dieser Zeit entwickelte sich zwischen Maria Montessori und einem Kollegen, Dr. Montesano, eine Liebesbeziehung, aus der im März 1898 ihr Sohn Mario hervorging. Da es nicht zur Heirat kam, verheimlichte die katholische Frau ihren Sohn. Er wuchs bei einer Amme auf dem Land auf. Maria Montessori besuchte ihn regelmäßig. Oft wird kritisch angemerkt, warum die große Pädagogin ihr eigenes Kind weggab. Für sie als Frau hätte es in der damaligen Zeit auf jeden Fall das Ende ihrer hart erkämpften Karriere bedeutet. Zumal sie mit der Verantwortung für den Sohn vom Vater allein gelassen wurde.

Übrigens haben andere große Pädagogen ihre Kinder gar nicht angenommen, Rousseau z.B. hat alle seine fünf Kinder ins Findelhaus gegeben. Erstaunlicherweise sorgt dies seltener für Kritik.

Trotz ihrer Erfolge in der Medizin gab Maria Montessori 1901 plötzlich alle ihre Tätigkeiten auf und studierte Erziehungsphilosophie und Anthropologie.

Die Entstehungsgeschichte der Montessori-Pädagogik

Als 1906 das römische Stadtviertel San Lorenzo saniert wurde, störten etwa 50 herumstreunende Kinder die Bauarbeiten, wobei auch einiges kaputt ging. Ihre Eltern gingen tagsüber in die Fabriken und mussten ihre Kinder sich selbst überlassen. Die Bauherren suchten Rat bei Maria Montessori, und zum Erstaunen vieler war sie bereit, dort ein Projekt durchzuführen. Auch hier folgte sie ihrer inneren Stimme und hielt den Kritiken aus medizinischen Kollegenkreisen stand.

In diesem ersten Kinderhaus, Casa dei Bambini, konnte sie endlich die Materialien, die zuvor bereits bei geistig behinderten Kindern Erfolg gehabt hatten, normal begabten Kindern anbieten. Es entstand eine Art »Laboratorium«, in dem die Naturwissenschaftlerin die Kinder genau und mit großem Einfühlungsvermögen für deren Bedürfnisse beobachtete. Hier konnte sie außerdem die Materialien sinnvoll erweitern. Ein wichtiges Gebot, an das sich Maria Montessori und ihre Helferin hielten, besagte, dass die Kinder sich frei und ungehindert in dem Raum bewegen durften.

Die zuerst mürrischen, aggressiven und teilweise scheuen Kinder zeigten schon nach wenigen Wochen Interesse für die Materialien. Sie ließen dafür sogar anderes Spielzeug und die Malsachen liegen.

Die revolutionäre Sicht: Das Kind im Mittelpunkt

Eines Tages beobachtete Maria Montessori etwas Besonderes, das als das »Montessori-Phänomen« in die Geschichte der Pädagogik eingegangen ist: Ein kleines Mädchen beschäftigte sich lange und konzentriert mit einem Material, den Einsatzzylindern. Es ließ sich durch nichts dabei stören. Selbst als Maria Montessori das Mädchen samt seinem Stuhl auf den Tisch hob, steckte es die Einsatzzylinder weiter unbeirrt in die entsprechenden Aussparungen der Holzblöcke. Als es mit seiner Tätigkeit aufhörte, wirkte es zufrieden und wach, gar nicht angestrengt.

Die dort beobachtete Konzentration, die so genannte »*Polarisation der Aufmerksamkeit*«, bezeichnete Maria Montessori als den *Schlüssel zur Lösung aller Erziehungsprobleme*. Und das Wiederholen der Übung erkannte sie als einen wesentlichen Zug der kindlichen Betätigung. Sie suchte nach einer neuen Erziehungswissenschaft, die das Kind in den Mittelpunkt stellte, und nach einer Methode, die dieser kindlichen Tätigkeit, diesem natürlichen Interesse gerecht wurde.

Die Verbreitung der Montessori-Pädagogik

Bald schon wurde das zweite Kinderhaus in San Lorenzo eröffnet, und die Erfolge der neuen pädagogischen Arbeit verbreiteten sich zunehmend. Hierzu sei eine kleine Geschichte erzählt: Die Tochter des italienischen Ministerpräsidenten begleitete eines Morgens den argentinischen Botschafter ins Kinderhaus. Ihr Besuch war nicht angekündigt gewesen, um die Kinder nicht befangen zu machen. Doch bei ihrer Ankunft erfuhren die Besucher, dass das Kinderhaus an diesem Tag geschlossen sei. Ein kleiner Junge löste dieses Problem jedoch ganz unkompliziert. Er erklärte, der Hausmeister habe ja den Schlüssel für die »Schule«, und alle Kinder im Haus seien schnell zusammengerufen. Also schloss der Hausmeister die Tür auf und die Kinder begannen spontan und eigenständig ihre Arbeiten.

Solche Erlebnisse stellten (und stellen sogar heute noch) die Vorstellung infrage, Kinder müssten mit Strenge und äußerlicher Disziplin zum Lernen angehalten werden. Im Gegenteil, irgendwann baten vier- und fünfjährige Kinder Maria Montessori, ihnen Lesen und Schreiben beizubringen. Für solche Situationen versuchte sie Materialien zu entwickeln, mit denen die Kinder einen für sie schweren Sachverhalt lernen und üben konnten. Insgesamt wurden die Kinder ruhiger und waren interessiert tätig. Dabei beobachtete Maria Montessori, dass die Tätigkeiten für die Kinder wichtiger waren als das Ergebnis.

Maria Montessori begann, ihre zum Teil revolutionär wirkenden Erkenntnisse und Beobachtungen zu publizieren. Ihr Werk ›Il Metodo‹ wurde schnell in über zwanzig Sprachen übersetzt – es erregte in aller Welt Neugier. Immer mehr Besucher aus verschiedensten Berufsgruppen kamen in die Kinderhäuser und waren begeistert. Sie nahmen die dort gewonnenen neuen Vorstellungen mit in ihre Heimatländer, nach Amerika, England, Australien, und gründeten Montessori-Gesellschaften, errichteten teilweise in ihren Privatwohnungen Kinderhäuser und finanzierten Ausbildungskurse. Die erste von Maria Montessori durchgeführte Ausbildung fand im Jahr 1909 statt.

Obwohl die Eigentümergesellschaft in San Lorenzo Maria Montessori mittlerweile wegen Differenzen ausgeschlossen hatte, ließ sie sich im darauffolgenden Jahr von der Ärzteliste streichen, um sich ganz für ihre Pädagogik einzusetzen. Was zunächst natürlich finanzielle Einbußen mit sich brachte. Aber sie bewies immer wieder ihr hervorragendes Talent als Organisatorin: Beispielsweise fand sie Arbeitslose, die ihre Materialien günstig herstellten.

In diesen Jahren wurden weitere Kinderhäuser gegründet und nicht mehr nur in Armenvierteln wie San Lorenzo, sondern auch in den Wohnvierteln der Mittel- und Oberschicht, wie etwa im Haus des englischen Botschafters.

Nachdem 1912 ihr Buch ›Il Metodo‹ in den USA erschienen war, wurden auch dort in rascher Folge Kinderhäuser gegründet. Doch es stellte sich die Frage, wer die Ausbildungskurse leiten sollte, damit ihre neue Methode unverändert weitergegeben werden konnte. Maria Montessori begann zu reisen und ihre Methode in Vorträgen und Seminaren weiterzutragen. Ihr Anspruch, die alleinige Vertreterin der Montessori-Pädagogik zu sein, erschwerte jedoch die Zusammenarbeit mit ihr. Manche der Montessori-Gesellschaften zerfielen deshalb schnell wieder.

Nach ihrer Rückkehr aus Amerika lebte die Pädagogin zwanzig Jahre in Barcelona. Auch ihr Sohn Mario zog nach dem Ersten Weltkrieg mit seiner Familie dort hin. Sie arbeitete viel, reiste weiterhin umher, schrieb ihre Gedanken nieder und überzeugte immer wieder Menschen durch ihre – oft frei gehaltenen – Reden. Immer noch entstanden Montessori-Gesellschaften, und 1926 gründete Maria Montessori mit ihrem Sohn eine internationale Montessori-Gesellschaft, die AMI (Association Montessori Internationale). Diese Gesellschaft ist bis heute aktiv.

Maria Montessori vereinte durch dieses lebendige Netz der Montessori-Verbände viele bekannte und unterschiedliche Persönlichkeiten, wie den Erfinder des Telefons, Graham Bell, den Dichter-Philosophen Gabriel Marcel, die Tochter des damaligen US-Präsidenten Wilson, den konservativen Politiker Konrad Adenauer und den faschistischen Diktator Benito Mussolini. Ebenso stimmten der Papst und Lenin dieser neuen Erziehung zu.

Hierbei muss auch erwähnt werden, dass Montessori viele Jahre mit dem italienischen Faschisten Mussolini kooperierte. Er nutzte Montessoris renommierte Pädagogik, um sein internationales

Ansehen aufzubessern. Mussolini ließ Montessori-Schulen eröffnen und ernannte sich zum Präsidenten der italienischen Montessori-Gesellschaft, der »Opera Montessori«. Ob Montessori politisch so naiv war oder ob sie sich die politischen Machtverhältnisse zu Nutze machen wollte, um ihre Ideen zu verbreiten, bleibt ungeklärt. Eine Widerstandskämpferin war Montessori auf jeden Fall nicht. Doch mit Beginn der katalanischen Freiheitskämpfe kam es zu Unstimmigkeiten zwischen Montessori und Mussolini, der daraufhin 1934 alle Montessori-Schulen in Italien schließen ließ. Auch im nationalsozialistischen Deutschland wurde die Montessori-Bewegung verboten.

Als im Jahr 1936 der spanische Bürgerkrieg ausbrach, zog die Familie Montessori Hals über Kopf, fast ohne Gepäck nach Holland, wo bereits über 6000 Kinder auf mehr als 200 Montessori-Schulen gingen.

Mit 69 Jahren unternahm Maria Montessori eine Reise nach Indien, wo sie Mahatma Gandhi und Rabindranath Tagore von ihren Ideen so begeisterte, dass diese darin Hoffnung für die indische Zukunft sahen.

Während des Zweiten Weltkriegs wurden die Italienerin und ihr Sohn 1940 im englischen Kolonialland Indien interniert. In dieser Zeit engagierte sich Maria Montessori weiter für ihre Bewegung und bildete mehr als 1000 Lehrerinnen und Lehrer aus.

Erst im Jahr 1949 kehrte sie nach Holland zurück. Als sie 1949 für den Friedensnobelpreis nominiert wurde, hatte sie bereits weltweit viele Ehrungen erhalten. Mit 82 Jahren starb Maria Montessori 1952 in den Niederlanden, in Nordwijk aan Zee, wo sie Urlaub machen wollte.

Wie in der kurzen Darstellung ihrer interessanten Biografie erkennbar, vereinte Maria Montessori verschiedene hervorragende Fähigkeiten mit großem pädagogischen Gespür und verbreitete ihre Ideen mit starker Überzeugungs- und Durchsetzungskraft. International erfolgreich wurde sie nicht zuletzt auch, weil ihre Bestrebungen dem damaligen Zeitgeist entsprachen.

Heute gibt es weltweit Montessori-Einrichtungen, an denen wir die Erfolge ihrer Ideen in der Praxis überprüfen können. Allein in Deutschland finden zunehmend mehr Ausbildungskurse statt und das Interesse an dieser Pädagogik ist enorm gewachsen. Gab es bisher vor allem Montessori-Einrichtungen für Vorschulkinder (Montessori-Kinderhäuser), so stellen zunehmend private Montessori-Schulen eine gefragte Alternative zur Regelschule dar. In einigen Städten Deutschlands gibt es sogar weiterführende private Montessori-Schulen – zum Teil Hauptschulen, aber auch Gesamtschulen, die bis zum Abitur führen.

An den Regelschulen ist die Montessori-Methode als Unterrichtsmethode anerkannt, so dass aufgrund der Methodenfreiheit jede Lehrerin und jeder Lehrer – egal welchen Schultyps – die Montessori-Methode im Unterricht einsetzen kann. Immer häufiger werden in Regelschulen Freiarbeit, didaktisches Montessori-Material und fächerübergreifende Projektarbeit angeboten.

Nach den politischen Veränderungen in den osteuropäischen Ländern und in der ehemaligen Sowjetunion entstehen auch dort viele Montessori-Einrichtungen.

Ist die Montessori-Pädagogik heute noch aktuell?

Bei einem Blick auf die heutige Zeit erkennen wir schnell, dass sich in den letzten 100 Jahren vieles gewandelt hat. Die Lebens- und Erziehungssituation für Kinder und Eltern sieht heute ganz anders aus als zur Zeit von Maria Montessori. Wir haben heute ein neues, entwicklungspsychologisch differenzierteres Verständnis von Kindern. Während Kinder damals von den Erwachsenen als »formbare Masse« behandelt und nach deren Vorstellungen »zurechtgeknetet« wurden, erkennen wir heute aufgrund neuer Betrachtungsweisen zunehmend die individuelle Persönlichkeit des Kindes, seine Lernfähigkeiten und seine eigenschöpferischen Entfaltungsmöglichkeiten an – und das bereits bei Neugeborenen. Dementsprechend sind heutige Schulen wesentlich besser ausgestattet: Mit beweglichen Möbeln, schöneren Schulhöfen, offeneren Lehrplänen und verbesserten Unterrichtsmethoden sind sie weitaus kindgerechter als früher.

Ebenso ist die Sensibilität für Behinderte gewachsen und differenziertere Diagnosen ermöglichen sinnvollere Hilfen (trotzdem werden behinderte Kinder leider immer noch häufig ausgegrenzt).

Anfang des 20. Jahrhunderts hatte Maria Montessori ein Tabu gebrochen, als sie zur kindlichen Sexualerziehung Stellung nahm. Heute hingegen gilt die sexuelle Aufklärung als wichtiger Bereich der Erziehung.

Auch die Ausstattung der Kindergärten und Kinderzimmer mit kindgerechten Möbeln, didaktischem und entwicklungsförderndem Spielzeug entsprechen dem neuen Verständnis von Kindern.

Viele dieser Fortschritte verdanken wir der Pädagogin Maria Montessori.

Eine berechtigte Frage ist, inwieweit die Montessori-Pädagogik heute überhaupt noch aktuell ist, wenn doch viele ihrer Ideen bereits umgesetzt wurden.

Trotz zahlreicher Veränderungen und Verbesserungen unserer Lebenssituation gibt es nach wie vor die unterschiedlichsten Probleme, denen wir uns stellen müssen.

Denken wir beispielsweise an die neuen Medien und ihren großen Einfluss auf die Kinder. Bilder aus aller Welt mit umfassenden Wissensinhalten – leider oft auch gefüllt mit Lügen, Brutalität, Konsumorientierung, Beziehungslosigkeit usw. – werden in vielen Familien bereits von jungen Kindern konsumiert. Es gibt also einerseits die immer freundlichere Kinderwelt und andererseits die Medien, die mit ihren Erwachsenenthemen die Kinderwelt geradezu überschütten.

In dieser widersprüchlichen Welt hindern Reizüberflutungen Kinder daran, unmittelbare, eigene sinnliche Erfahrungen zu machen. Hier liegen sicherlich deutliche Gründe für die – auch von Fachleuten – immer häufiger beklagten Konzentrationsstörungen von Kindern, die in Familien, Kindergärten und Schulen für manche Erziehungsprobleme sorgen. Bekannt sind zum Beispiel die so genannten »Montagsaggressionen«, bei denen viele Kinder in Kindergärten und Schulen am Montag deutlich aggressiver sind als an den darauffolgenden Wochentagen. Erklärt wird dies mit dem erhöhten Medienkonsum am Wochenende.[7]

Auch fallen immer mehr Kinder durch ihre so genannte »Hyperaktivität« auf. Man meint, sie wie Kranke mit Medikamenten

---

[7] So Herr Höschen vom Deutschen Kinderschutzbund in einer Diskussion in ARTE am 18.5.2000, 22 Uhr.

behandeln zu müssen.[8] Wie wir bereits gehört haben, sah Maria Montessori aber gerade in der konzentrierten Tätigkeit der Kinder, der »Polarisation der Aufmerksamkeit«, den Schlüssel für alle Erziehungsprobleme, wohingegen sie in der Unfähigkeit zur konzentrierten, meditativen Arbeit ein Zeichen für »Behinderung« bemerkte. Demnach müssten ihr manche Kinder und Erwachsene heute als »behindert« erscheinen.

Die Montessori-Pädagogik zeigt uns Wege zu konzentrierter und damit erfüllender Betätigung. Und dies ist sicherlich nicht nur für Kindergärten und Schulen, sondern auch für zu Hause interessant. Wenn wir wissen, wie Alternativen aussehen, brauchen wir die Kinder nicht vor den Fernseher und Computer zu setzen, damit wir kurzfristig unsere Ruhe haben.

Ein weiteres Problem, das uns alle angeht, ist die Bedrohung des Friedens, der seit den grausamen Terroranschlägen am 11. September 2001 auf die USA weltweit erschüttert wurde. Die Erziehung zum Frieden gilt daher auch heute als wichtiges Erziehungsziel. Maria Montessori hat sich zeit ihres Lebens mit diesem Thema beschäftigt und hierzu grundlegende Aspekte benannt.

Hinzu kommt die aktuelle Gefährdung unserer Umwelt durch Umweltverschmutzung und die Erschütterung natürlicher Gleichgewichte. Maria Montessoris »kosmische Erziehung« setzte sich schon vor der Zeit großer Umweltkatastrophen mit der menschlichen Verantwortung für die Erhaltung der so genannten »kosmischen Ordnung« auseinander.

---

[8] Doch nur wenige dieser Kinder sind wirklich an einer »hyperkinetischen Störung« erkrankt, die durch drei Merkmale gekennzeichnet ist: Diese Kinder lassen sich sehr schnell ablenken, sie reagieren sehr impulsiv, und sie zappeln ständig herum. Da das häufig verabreichte Medikament Ritalin viele Nebenwirkungen hat, sollte es nur in klar diagnostizierten Fällen angewendet werden.

Insgesamt führt uns die Montessori-Pädagogik die Bedeutung von »Ordnung« vor Augen. Und auch dies trifft ein aktuelles Problem. Unsere Welt ist gekennzeichnet von Orientierungslosigkeit, Wertewandel und moralischer Verunsicherung. Der mittlerweile technisch weltweit vernetzte Informationsfluss macht es uns zunächst nicht leichter, die Dinge zu verstehen oder gar richtig zu beurteilen. Wenn aber nicht einmal wir Erwachsenen die richtigen Beurteilungsmaßstäbe beherrschen, wie wollen wir sie dann unseren Kindern vermitteln? Hier ist Ordnung – im intellektuellen und im moralischen Sinne – notwendig, damit aus unseren Kindern mündige Erwachsene werden können.

Auch in den Schulen sind nach wie vor viele Fragen noch nicht hinreichend beantwortet (deutlich erkennbar u.a. an der aktuellen PISA-Studie), obschon sich in den letzten fast 100 Jahren vieles deutlich verbessert hat: Wie kann aber die Schule noch lebens-naher gestaltet werden? Wie können Kinder intrinsisch, d.h. aus sich heraus motiviert werden, wenn sie abhängig sind von der Beurteilung anderer und ihr Lernen Zwängen und Druck unterliegt? Wie kann soziale Erziehung gelingen, wenn der Schulalltag von Leistungsstress und Konkurrenz geprägt ist? Wie kann das Selbstbewusstsein der Kinder und Jugendlichen wachsen, wenn Fehler negativ bewertet werden? Wie erlangen SchulabgängerInnen Schlüsselqualifikationen, damit sie für das Berufsleben ausreichend vorbereitet sind? Wie werden Schulen den gesellschaftlichen Anforderungen gerecht, ohne dabei die kindlich-individuellen Bedürfnisse zu missachten?

Die meisten dieser Fragen haben bereits Maria Montessori beschäftigt, und sie versuchte sie zu beantworten. Gerade im Schulbereich zeigt sich denn auch die Aktualität der Montessori-Pädagogik am deutlichsten und wird selbst von Politikern konkret benannt.[9] Eltern stellen sich vermehrt genau diesen Fragen und suchen zunehmend in Alternativschulen nach Antworten. Dabei ist die Montessori-Pädagogik heutzutage geradezu in Mode gekommen.

In einer Zeit, in der sich die Lebensbedingungen immer rasanter verändern, stellt sich Eltern die grundsätzliche Frage, woher sie die Werte und Richtlinien für ihre Erziehung nehmen sollen. Während früher die Familien noch stärker in klaren Traditionen lebten, an denen sich Eltern wie Kinder orientierten, so haben sich die Familien heute deutlich gewandelt: In vielen Haushalten lebt nur noch ein Elternteil (meistens die Mutter) mit den Kindern zusammen, oder es entstand durch neue Partnerschaften der Eltern eine so genannte »Patchworkfamilie« (mit Halbgeschwistern, angeheirateten Omas und Opas usw.). Laut Statistiken wird in Deutschland jede dritte Ehe geschieden. Wer sind nun die Bezugspersonen des Kindes, und wer übernimmt in dieser neuen Familienkonstellation welche Aufgaben innerhalb der Erziehung?

Ferner arbeiten in vielen Familien zunehmend beide Elternteile, so dass sich die klassische Rollenverteilung (die Mutter ist die Erzieherin und zu Hause tätig, während der Vater aufgrund seiner Arbeit häufig abwesend ist) momentan verändert. Die Väter übernehmen immer mehr Erziehungsaufgaben. Hinzu kommt, dass unsere heutige Zeit geprägt ist von Migration und Emigration, was in vielen Familien zu kultureller Verunsicherung führt. Innerhalb der einen Kultur müssen die Kinder vielleicht abends früh schlafen gehen, während in einer anderen Kultur das gemeinsame Familienleben gerade abends beginnt. Die Maßstäbe und Werte für die

---

[9] In einer Illustrierten erklärte Hildegard Hamm-Brücher bereits 1975: »Im Augenblick können wir von diesen (Montessori-)Schulen mehr lernen als von allen Bildungsplänen ...«

Erziehung sind also immer weniger in überlieferten Traditionen zu finden, als vielmehr in allgemein gültigeren pädagogischen Techniken sowie letztlich in jedem einzelnen Kind. Damit wird jede Pädagogik aktuell, die uns Erziehenden konkrete Techniken anbietet und dabei einen neuen Blick auf unsere Kinder ermöglicht. Die Montessori-Pädagogik tut dies.

Die breite Anwendung und große Aktualität der Montessori-Pädagogik liegt sicherlich auch darin begründet, dass sie keine nationalen, rassischen, sprachlichen oder religiösen Schranken kennt, sondern Kindern aus aller Welt gerecht wird. Und darin, dass sich Menschen unterschiedlichster Herkunft, Denkweisen und Glaubensgrundsätze für diese Erziehung begeistern, ob sie sich nun BuddhistInnen, KatholikInnen, KapitalistInnen, KommunistInnen, progressiv oder konservativ nennen, ob sie arm sind oder reich.

Die Montessori-Pädagogik ist eine sehr umfassende Pädagogik, die auf keinem dogmatischen, sondern auf einem positiven Menschenbild basiert, das eines jeden Individualität respektiert, ohne die soziale Erziehung zu vernachlässigen. Nicht zuletzt ist eine solche Pädagogik auch ein Bollwerk gegen Fremdenfeindlichkeit, Ausgrenzung und Abgrenzung von Andersartigkeit sowie Dogmatismus.

Aus diesen Gründen lohnt es sich zu schauen, welche Anregungen uns die Montessori-Pädagogik für unseren Familienalltag bietet. Lassen Sie uns hierfür weniger von der Theorie dieses pädagogischen Konzepts ausgehen als vielmehr von der Erziehung selbst.

Erziehung – eine echte Herausforderung

Die meisten Eltern freuen sich auf ihr Baby, sind bereit, ihr zukünftiges Leben liebevoll umzustellen, und wollen nur das Beste für ihr Kind. Doch nach wenigen Monaten sind sie bereits desillusioniert, weil sie sich so vielen Fragen und Veränderungen gegenübersehen: sei es, dass ihr Säugling unter Dreimonatskoliken leidet und deshalb viel weint, was an den Nerven aller zerrt, oder sei es, dass das Baby nachts am aktivsten ist und den Eltern den Schlaf raubt. Oder der Vater meint, die Mutter verwöhne das Kind mit übertriebener Hingabe, und man fragt sich, was angemessen ist. Oder die Mutter hat sich erhofft, dass der Vater jetzt mehr in Haushalt und Familie tätig werde, doch dem ist das Ganze zu viel. Oder die Mutter vermisst ihre früheren beruflichen Kontakte, weshalb sie meist schlechte Laune hat, andererseits weiß sie nicht, ob sie ihr kleines Kind schon jemand anderem anvertrauen kann. Oder es müssen Zeiten vereinbart werden, in denen die Eltern ungestört als Paar zusammen sein können, in denen jeder Elternteil seine individuelle Freizeit hat und in denen die ganze Familie zusammen ist. Wie können diese Zeiten »gemanagt« werden?

Wenn die ersten Umstellungen in der Familie dann mehr oder weniger vollzogen sind und die Kinder größer werden, kommen viele neue Fragen und Themen hinzu: Wie viel Aufmerksamkeit soll ich meinem Kind geben? Welche Grenzen sind sinnvoll, und wie setze ich sie durch? Was kann ich meinem Kind ab wann zutrauen? Welche Umwelt braucht ein Kind in welchem Alter? Und viele Fragen mehr.

Um diese vielen Fragen beantworten zu können, reichen nicht immer die Erfahrungen aus unserer eigenen Erziehung oder unsere Liebe aus. Vielmehr erfordert es einiges Wissen, großes persönliches Engagement, viel Zeit und sehr viel Geduld, bis das Kind selbstständig essen, sich anziehen, kurz: einigermaßen unabhängig leben kann. Wie oft müssen wir Eltern auf diesem Weg kurzfristig und schnell entscheiden, was gerade das Richtige ist? Woher nehmen wir das Wissen hierfür?

Wie wir erziehen, hängt von vielen Faktoren ab und richtet sich nicht mehr wie früher nach relativ klar definierten Prinzipien. Dafür sind die Lebenssituationen der einzelnen Familien zu differenziert und veränderbar geworden. Doch eines wird uns Eltern stetig abverlangt: dass wir unsere Kinder lieben sollen. Aber niemand verrät uns, was das konkret heißt. Ist es Liebe, wenn wir unser Kind mit zehn Jahren noch mit dem Auto in die Schule fahren, anstatt es mit dem Bus oder Fahrrad loszuschicken? Oder ist es Liebe, wenn wir unserem Kind alle seine Wünsche erfüllen, weil es sonst so schreit? Ist es Liebe, wenn wir unser Kind den ganzen Tag beobachten? Manche Eltern handeln aus Liebe so und manch andere aus Liebe gerade so nicht. Also: was ist hier angemessen? Wo bekommen wir Eltern Orientierung? Geht es bei der Erziehung überhaupt in erster Linie um Liebe?

Maria Montessori meint hierzu: »Wir müssen Kinder lieben, aber das genügt nicht, wir müssen ihnen zu tun geben.«[10] Und damit wird bereits ihr so anderes Erziehungsverständnis angesprochen, wonach auch neuere Tendenzen streben. Zunehmend wird mit dem Begriff »Erziehung« kritisch umgegangen und manche stellen sich die Frage, ob Erziehung in der Unsicherheit und Verän-

[10] Winfried Böhm: Maria Montessori. Texte und Diskussion. Bad Heilbrunn 1978, S. 36.

derung der Gesellschaft, in der Widersprüchlichkeit neuester Entwicklungen nicht zu schwierig, gar unmöglich geworden ist. Wir könnten allem anstrengenden erzieherischen Bemühen einfachere Techniken entgegensetzen. Solche finden wir u.a. in dem Montessori-Konzept sowie in der Kommunikationswissenschaft.

Erziehung, was ist das eigentlich?

Es gibt sehr viele Definitionen des Begriffs »Erziehung«. Anstatt jedoch eine Diskussion über die »richtige« Definition zu entfachen, lassen Sie uns vielmehr im Folgenden die übergeordneten und allgemein gültigen Aspekte von Erziehung benennen, um diese im Weiteren mit Inhalten aus der Montessori-Pädagogik zu füllen.

Erziehung ist immer *zielgerichtetes Handeln,* auch wenn wir nicht bei jeder Handlung bewusst ein konkretes Ziel verfolgen. Und es bedeutet immer *soziales Miteinander.* Hierbei stellt sich die grundsätzliche Frage, wer in der Erziehung eigentlich die Handelnden sind? Sind es die Eltern, die da aktiv ihre Ziele verwirklichen und das Kind formen, oder sind es die Kinder, die aktiv ihre individuelle Entwicklung vorantreiben?

Lange Zeit schrieb man den Eltern und LehrerInnen das größere Wissen, die besseren Fähigkeiten und damit die richtungweisende Führungsrolle in der Erziehung zu. Spätestens mit dem Ruf nach einer »Pädagogik vom Kinde aus« (Anfang des 20. Jahrhunderts)[11] wandelte sich das Erziehungsverständnis, so wie wir es z.B. in der Montessori-Pädagogik oder in der Waldorf-Pädagogik wieder finden.

---

[11] Zur Zeit der großen »Reformpädagogik«.

Erziehung aus der Sicht Maria Montessoris

Maria Montessoris Erziehungsverständnis ist für uns Eltern interessant, weil es unser übliches Verantwortungsgefühl und unser bisheriges Rollenverständnis im Erziehungsalltag hinterfragt.

Das Erziehungsverständnis von Maria Montessori basiert auf dem Gedanken des menschlichen Wachstums und der Interaktion. Kinder und Erwachsene wachsen durch einen gemeinsamen Prozess, der innerhalb der Erziehung stattfindet. In diesen Prozess passen jedoch keine starren Vorstellungen und Verhaltensweisen (wie es in früheren Zeiten in der Erziehung üblich war: Kinder hatten zu gehorchen und die Erwachsenen wussten, was gut für sie ist, nämlich Zucht und Ordnung).

Demnach ist *Erziehung* in der Montessori-Pädagogik *der Aufbau eines »dialogischen Prozesses«,*[12] innerhalb dessen sich *Erwachsene und Kinder gegenseitig beeinflussen und verändern.* Denn ein Kind, das sich selbst ändert, ändert auch seine Umwelt und seine Mitmenschen. Und damit ist uns Erwachsenen Gelegenheit gegeben, uns zu »erneuern«.[13] Zur Erziehung gehört also auch *die Entwicklung des Erwachsenen* – ein Aspekt, der bis heute in der Erziehung zu wenig beachtet wird.

[12] Hildegard Holstiege: Erzieher in der Montessori-Pädagogik. Freiburg 1981, S. 42.

[13] »Ja, die Liebe des Kindes ist für uns von unermesslicher Wichtigkeit. Vater und Mutter verschlafen ihr ganzes Leben, neigen dazu, über allem und jedem einzuschlafen, und brauchen ein Wesen, das sie erweckt und mit der frischen, lebendigen Energie belebt, die sie selber nicht mehr besitzen … Ohne das Kind, das ihm hilft, sich ständig zu erneuern, würde der Mensch degenerieren.« Aus: Maria Montessori: Kinder sind anders. München 1987, S. 143.

Diese Wachstumsprozesse bedürfen der gegenseitigen Hilfe: zum einen der Hilfe des Erwachsenen für das Kind, zum anderen der Hilfe des Kindes für den Erwachsenen. Maria Montessori sagt: »Wir verstehen unter Erziehung, der psychischen Entwicklung des Kindes von Geburt an zu helfen. Wir wollen dieses Kind schützen und pflegen, das immer wachsen muss, jeden Tag und jede Stunde, und dessen Arbeit die größte Schöpferkraft der Menschheit ist«.[14] Demnach können Eltern anbieten, helfen und unterstützen – die eigentliche Entwicklungsarbeit liegt jedoch beim Kind. Eltern tragen dafür nicht primär die Verantwortung.

Um befähigt zu sein, Kinder bei ihrer Entwicklung positiv zu unterstützen, müssen wir Erwachsenen uns vorbereiten.[15] Wir müssen beispielsweise lernen, passiver zu sein, und wir müssen den Anspruch aufgeben, wir wüssten von vornehrein, was das Beste für unsere Kinder sei.

In diesem Sinne fordert uns die Montessori-Pädagogik zu einer indirekten Erziehung heraus, in der wir Erwachsenen passiv werden, damit unsere Kinder aktiv werden können. Das Wort »passiv« besagt allerdings nicht, dass Eltern bei der Erziehung nichts mehr zu tun hätten. Unsere Hilfe ist auf jeden Fall notwendig, sie sollte jedoch den Kindern derart helfen, dass sie zunehmend die Dinge selber tun können. Dafür müssen wir unsere Kinder beobachten und ihnen dort Hilfe anbieten, wo sie diese selbst fordern. Nämlich da, wo das Kind sagt: »Will alleine machen«, einen Satz, den alle Eltern kennen. Darin drückt sich die kindliche Bitte aus: »*Hilf mir, es selbst zu tun.*«

---

[14] Maria Montessori: Grundlagen meiner Pädagogik und weitere Aufsätze. Wiesbaden 1996, S. 8.
[15] S. dazu auch das Kapitel »Die Rolle der Mutter und des Vaters«, S. 145.

Wenn wir dieser Bitte folgen, kann sich das, was in den verborgenen Tiefen eines jeden Kindes liegt, entfalten. Und um diese Bitte zu hören, müssen wir Erwachsenen lernen, genau zu beobachten und zuzuhören, um die Bitten unseres Kindes zu verstehen. Vermutlich weint das vierjährige Mädchen nicht, um gesagt zu bekommen: »Jetzt hör endlich mit dem Geschrei auf, das ist gar nicht lieb von dir.« Sondern es weint, weil wir ihm seine »Arbeit« gerade mal wieder abgenommen haben, indem wir ihm die Schuhe zugebunden haben. Das Mädchen wollte es aber alleine probieren. Auf diese Weise können uns Kinder Respekt und manches mehr lehren.

Wie nun lässt sich dieses Erziehungsverständnis – gemeinsames »Wachsen« und die eigene Entwicklungsarbeit der Kinder – begründen? Letztlich verbirgt sich dahinter ein besonderes Menschenbild, einer von drei wichtigen Bereichen der Erziehung.

Insgesamt lassen sich drei Grundbereiche der Erziehung unterscheiden, die ineinander greifen und sich gegenseitig beeinflussen.

Die drei wesentlichen Bereiche der Erziehung

1. Das *Menschenbild*: Es geht der Frage nach, wen wir erziehen und was den Menschen kennzeichnet. *Wer ist mein Gegenüber, was macht ihn aus?*
2. Die *Erziehungsziele*: Sie fragen danach, wohin unsere Erziehung führen soll. *Was will ich erreichen*
3. Die *Methode*: Sie beschäftigt sich damit, was wir praktisch tun müssen, wenn wir unser Menschenbild zugrunde legen und bestimmte Erziehungsziele anstreben. *Wie setze ich meine Ziele um unter Berücksichtigung meines Menschenbilds / Gegenübers?*

Was sagt die Montessori-Pädagogik zu diesen drei Bereichen?

Das Menschenbild der Montessori-Pädagogik

Jeder hat seine eigenen Vorstellungen von dem, was den Menschen ausmacht, hat sein individuelles Menschenbild. Dabei spielen vorherrschende Ideologien, eigene Erfahrungen und Meinungen, der Kulturkreis und vieles mehr eine Rolle. Maria Montessori war sowohl gläubige Christin als auch Naturwissenschaftlerin, was sich in ihrem Menschenbild widerspiegelt (z.B. in ihrer metaphorischen Sprache und ihrem phänomenologischen Blick).

Insofern sollten wir uns vorab selbst fragen, wie unser eigenes Menschenbild aussieht und was unserer Meinung nach grundsätzlich zum Menschsein dazugehört. Bedenken wir dabei Folgendes:

Der Mensch ist ein *handelndes Wesen*, mit dem wichtigen »Werkzeug«, seinen Händen, ausgestattet.

Er ist ein *geistiges, intelligentes Wesen*, das denken und planen kann.

Der Mensch *ist sprachfähig*.

Er verfügt über *Kreativität*.

Er ist ein *soziales Wesen*, das in Gemeinschaft mit anderen lebt und mit anderen kommuniziert.

Der Mensch besitzt ein *Zeitgefühl*.

Er ist ein *emotionales Wesen*, dessen Gefühle Einfluss auf seine Wahrnehmung und sein Handeln haben.

Der Mensch ist ein *geschlechtliches Wesen*.

Er ist ein *religiöses* bzw. *moralisches Wesen* und braucht Hoffnung.

Er ist ein *Wesen mit Selbstwahrnehmung*.

Und er ist ein *Wesen mit vielen Sinnen*, über die er seine Umwelt differenziert wahrnehmen kann.

Auch wenn die Frage nach dem Menschenbild theoretisch klingt, so ist sie doch eine wichtige Frage. Denn erst wenn wir das Wesen unseres Kindes besser verstehen und wenn wir erkennen, was Kinder für ihr Wachstum (auch ihr geistiges Wachstum) brauchen, können wir ihnen bei ihrer Entwicklung helfen. Und wir sollten bedenken, wie sehr unsere Vorstellungen von dem, wie der Mensch sein soll, unser Verhalten ihnen gegenüber beeinflusst.

Es gab eine Zeit, da dachte man, Kinder seien kleine Erwachsene. Dementsprechend zog man sie wie Erwachsene an und erwartete von ihnen letztlich das Gleiche wie von Erwachsenen. Dann gab es Zeiten, da dachte man, Kinder kämen als leere »Behälter« auf die Welt, in die die Erwachsenen alles Wichtige »hineinlegen« müssten. Zu dieser Zeit galt das Leben eines Neugeborenen nur wenig – viele Eltern waren sogar froh, wenn es starb.[16] Und die Liebe, wie wir sie heute verstehen, war damals – wenn es sie überhaupt gab – ein »Luxus«. Kinder sollten durch Angst und Schrecken zum idealen Menschen geformt werden.

Auch heute beeinflussen Glaubensnähe und bestimmte Einstellungen das Erziehungsverhalten, besonders deutlich ist das in der Geschlechtserziehung zu sehen. Manche betrachten aufgrund ihrer Religion Sexualität – vor allem bei Frauen – als etwas »Schmutziges«, das es zu unterdrücken gilt. Andere lassen Kinder ihre Sexualität ausleben, weil sie wollen, dass die Geschlechtlichkeit positiv erlebt wird.

In unserem Verhalten verbirgt sich – bewusst oder unbewusst – immer eine anthropologische Grundthese, die wiederum vom

---

[16] S. Elisabeth Badinter: Die Mutterliebe. München 1988.

Geist der Zeit geprägt ist. Welches Menschenbild prägt die Montessori-Pädagogik?

»Kinder sind anders«: Der geheimnisvolle innere Bauplan

Maria Montessori kam nach Beobachtungen und Überlegungen zu der Überzeugung, dass Kinder nicht nur die Anlagen für ihre körperlichen Merkmale von Geburt an in sich tragen, sondern auch die Anlagen für ihre geistig-charakterliche Entwicklung.

Diese *Anlagen* liegen verborgen *in einem geheimnisvollen inneren Bauplan*, und wir Erwachsenen können diesen individuellen Plan unseres Kindes nur erahnen, nie aber ganz enträtseln, und wir können nicht in ihn eingreifen. Er entfaltet sich während der Kindheit und Jugend in vielen verschiedenen Entwicklungsschritten. Bereits Kleinkinder sind deshalb mit besonderen Lernfähigkeiten ausgestattet, die sich deutlich von den Fähigkeiten der Erwachsenen unterscheiden. Beispielsweise können sich Kinder besonders konzentriert auf etwas einlassen. Sie sind dann fast nicht mehr ansprechbar und lassen sich kaum stören. Eine Fähigkeit, die bei uns Erwachsenen nicht mehr so ausgeprägt vorhanden ist.

Wir alle können solch kindliche *Konzentrationsfähigkeit* täglich beobachten: z.B. wenn kleine Kinder Kieselsteine am Wegrand intensiv erkunden oder sortieren. Da müssen wir Eltern manchmal länger auf unser Kind warten. Denn hier zeigt sich die ganz besondere kindliche Konzentrationsfähigkeit, die Maria Montessori – wie schon erwähnt – die »*Polarisation der Aufmerksamkeit*« nannte.

Eine weitere besondere Fähigkeit von kleinen Kindern ist ihre intensive *Aufnahmebereitschaft* für alle Einflüsse aus ihrer Umwelt. Sie selektieren vorerst nicht, sondern nehmen alles in sich auf. Nach Maria Montessori verfügen vor allem Säuglinge über diesen so genannten »*absorbierenden Geist*«. Auch dies stellt eine beson-

41

dere Lernfähigkeit dar, wodurch die angeborenen »Mängel« der noch nicht selbstständig lebensfähigen Säuglinge ideal kompensiert werden. Doch häufig unterschätzen wir Erwachsenen die Kleinkinder und meinen, sie seien völlig hilflose Geschöpfe. Dem ist aber nicht so. Sie sind nur *anders* als Erwachsene.

Wie oft meinen wir Erwachsenen zu wissen, was das Richtige für unsere Kinder ist? Und allgemein herrscht die Haltung vor, Kinder seien Mängelwesen, anstatt zu erkennen, wieviel besondere Fähigkeiten sie mitbringen, um ihre eigene Entwicklung voranzutreiben. Wir wollen ihnen helfen, jedoch »missionieren« wir sie damit manchmal für unsere Sache, da wir die Anlagen unserer Kinder nicht klar erkennen oder sie falsch interpretieren. Kleine Kinder können sich ja noch nicht so deutlich ausdrücken wie wir und sich uns nicht so differenziert mitteilen. Dementsprechend nannte Maria Montessori eines ihrer Bücher: ›Kinder sind anders‹. Sie sind anders als wir und anders, als wir manchmal annehmen.

Hermann Hesse schrieb hierzu einmal: »Ohne viel Verständnis, aber mit dem stärkenden Gefühl, der Überlegene zu sein, steht der Erwachsene dem Kinde gegenüber. Bis sich zeigt, dass dies Gefühl der Überlegenheit nur auf tiefem Nichtkennen beruht.«[17]

Nach dem Menschenbild der Montessori-Pädagogik müssen Eltern nicht alle Antworten auf die vielen Erziehungsfragen wissen (s.a. das Kapitel »Erziehung – eine echte Herausforderung«). Im Gegenteil, zu meinen, wir wüssten sie, bedeutet lediglich falsch verstandene Überlegenheit. Letztendlich gibt uns jedes Kind aufgrund seines inneren Bauplans selbst die richtigen Antworten. Wenn wir Eltern also meinen, vierjährige Kinder müssten um acht Uhr ins Bett, oder sie müssten jetzt beim Aufräumen helfen, sie müssten jetzt ihr Brot alleine schmieren können, alleine auf die Toilette gehen usw., dann sind dies zunächst nur unsere Vorstellungen. Ob

---

[17] Hermann Hesse: Lektüre für Minuten. Frankfurt/Main 1980.

Kind bringt Fähigkeit mit - eigne Entwicklung vorantreiben - Nicht unter- schätzen - zuhören zu "missionieren"

Kinder sind anders als wir + anders als wir annehme

Es gibt keine einheitliche Antwort auf Erziehungsfragen - Individuum hat einen inneren Bauplan - BEI JEDEM ANDERS!!

diese dem natürlichen Entwicklungsplan des einzelnen Kindes
entsprechen, können wir feststellen, indem wir das Kind beobachten und seine Interessen erkennen und verstehen. Diese zeigen uns
Erwachsenen dann, in welcher Entwicklungsphase sich unser Kind
gerade befindet.

Das Menschenbild von Maria Montessori ist ein sehr positives.
Ihm zufolge entwickelt sich jedes Kind zu einem »guten« Menschen,
wenn man es lässt. Das heißt, jedes Kind will aus seinen Anlagen heraus irgendwann aufräumen, schlafen, alleine sein Brot schmieren
und selbstständig (unabhängig) sein. Doch anfangs ist im Kind noch
alles frei und ungeordnet, strebt jedoch zunehmend nach Ordnung.
Es ist bereits alles im Kind angelegt und will sich in einem geordneten Rahmen durch eigene Aktivitäten herausentwickeln.

Bei Säuglingen sind die Aktivitäten noch spontan (was zugleich
den Grundstein der menschlichen Freiheit überhaupt darstellt). Hier
zeigt sich die erste Entwicklungsphase des Menschen. Montessori
beobachtete, dass sich alle Kinder innerhalb verschiedener Phasen
entwickeln. Da vor allem die ersten Entwicklungsphasen mit hohen
Sensibilitäten verbunden sind, nannte sie diese »sensible Phasen«.
Während solch einer sensiblen Phase hat das Kind ein ganz besonderes Interesse für eine bestimmte Funktion und Fertigkeit, eine ganz
besondere Neugierde und Aktivität. Diese Sache erforscht es so lange,
bis es sie verstanden hat und beherrscht. Der Impuls hierfür tritt
plötzlich innerhalb einer begrenzten Zeitspanne auf. In dieser Zeit
erwirbt das Kind eine neue Fähigkeit mit großer Leichtigkeit.

Die neuen Fähigkeiten und Fertigkeiten zeigen sich irgendwann
überraschend, z.T. sogar explosionsartig. Da kann ein Kind auf
einmal sprechen, laufen oder lesen, ohne je eine Unterrichtsstunde
dafür erhalten zu haben. Wir alle kennen dies von Eineinhalb- bis
Zweijährigen, wenn sie sprechen lernen. Die Kleinen nehmen mithilfe ihres »absorbierenden Geistes« die Sprache der Umwelt auf
und beginnen nach und nach zu sprechen. Erst ahmen sie einzelne

43

Wörter nach, dann folgen Zwei-Wort-Sätze, bis sie viele Begriffe beherrschen und ganze Sätze formulieren können. Kinder, die in dieser sensiblen Phase, also in den ersten Jahren, die Sprache nicht erworben haben, lernen sie meistens später nie mehr richtig (vgl. dazu Studien über so genannte »Wolfskinder«). Und wir Erwachsenen wissen, wie schwer es uns im Vergleich zu Kleinkindern fällt, eine neue Sprache zu erlernen. Für uns ist die sensible Phase für den Spracherwerb lange vorbei.

Ebenso ist es beim Laufen lernen. Wenn wir Erwachsenen Laufen lernen müssten, würden wir es vermutlich nach unserem zwanzigsten Sturz aufgeben, kleine Kinder bleiben jedoch ausdauernd dabei, bis sie aufrecht gehen können. Ebenso haben alle kleinen Kinder eine gewisse Zeit lang Interesse daran, Gegenstände in entsprechende Öffnungen zu stecken oder Gegenstände zu sortieren, sei es nach Größe oder Farbe usw. Hierdurch erwerben sie neue Fähigkeiten und Fertigkeiten. Und dies, ohne dass wir die Kinder dazu motivieren müssten. Ihr innerer Bauplan ist Motivation genug.

Dabei zeigt jedes Kind den Rhythmus, in dem es sich entwickelt. Manche Kinder durchleben früh und ausgiebig eine bestimmte Phase, während anderen, gleichaltrigen Kindern, diese Phase kaum anzumerken ist. Wir Eltern haben darauf keinen Einfluss. Manche Kinder üben sehr lange, bis sie laufen können, andere Kinder beobachten im Stillen, stehen dann auf und laufen. Ebenso beschäftigen sich manche Kinder ausgiebig mit dem Schreiben, weil es ihrem »Plan« entspricht, andere Kinder turnen und bewegen sich viel lieber.

Insgesamt erfolgen vor allem in den ersten Lebensjahren die Lernprozesse sehr stark durch Bewegungen. Für Montessori sind alle Bewegungen eines Kindes letztendlich nicht zufällig, sondern durch seinen inneren Bauplan geleitet. Es muss alle Muskeln bewegen, um sich zu entwickeln. Deshalb sind die Übungen und Materialien der Montessori-Methode, vor allem für die Drei- bis Vierjährigen, in erster Linie auf die Schulung der Bewegungen (der

Muskelkoordinierung) ausgerichtet. Kinder speichern die Erfahrungen ihrer Bewegungen und ihrer Muskeln, was die Entwicklung ihres Gehirns fördert.[18]

Die Hände sind hierbei von ganz besonderer Bedeutung, weshalb für Kinder das »handelnde Lernen« sehr wichtig ist. Kinder beobachten die Handlungen der Erwachsenen und ahmen diese nach. Ihre Entwicklung vollzieht sich durch Nachahmung: In den ersten drei Lebensjahren lernen Kinder über 80 Prozent ihrer Fertigkeiten durch Nachahmung. D.h., die Kleinkinder sehen unsere Bewegungen (Sprechbewegungen, aufrechter Gang usw.), probieren diese aus und fühlen dabei durch ihre Sinne das, was sie gerade tun. Diese sinnlichen Bewegungen speichern sie ab. In neuen Situationen können sie diese Sinneseindrücke dann erinnern. Erst später lernen sie, alle diese Erfahrungen zu benennen. Der menschliche Geist entfaltet sich besonders gut, wenn durch Tätigkeiten alle Sinne angesprochen werden. Denn es gelangt nichts in den menschlichen Geist, was nicht vorher sinnlich erfasst worden ist.[19]

Überall auf der Welt zeigen Kinder in ähnlichen Altersstufen vergleichbare Interessen, auch wenn jedes Kind seine sensiblen Phasen sehr individuell durchläuft.[20] Wenn wir unsere Kinder beobachten, so entdecken wir viele unterschiedliche Aktivitäten und Interessen bei ihnen. Jeder pädagogische Ansatz definiert solche Phasen, allerdings mit unterschiedlichen Schwerpunkten und unterschiedlichem Vokabular.[21] So beschreibt auch das Montessori-Konzept die einzelnen Entwicklungsphasen sehr konkret.

---

[18] Die Gehirnforschung und die damit zusammenhängende physiologische Forschung der letzten Jahrzehnte hat die Beteiligung der Muskeltätigkeiten am Lernprozess hervorgehoben.

[19] So sagte es schon Aristoteles.

[20] Der Entwicklungspsychologe Jean Piaget hat in differenzierten Studien die verschiedenen Entwicklungsphasen von Kindern konkret beschrieben.

[21] S. z.B. auch das Menschenbild Rudolf Steiners in der Waldorf-Pädagogik.

Wann ist demnach mit welchen besonderen Interessen zu rechnen? Und wann etwa können Kinder unsere abstraktere Erwachsenenwelt verstehen?

Alle Kinder entwickeln erst über viele konkrete, sinnliche Schritte ihre geistige Beweglichkeit und Abstraktionsfähigkeit. Wenn wir etwa einem Vierjährigen sagen, es dauert noch eine Dreiviertelstunde, dann versteht das Kind dies nicht. Sagen wir aber, es dauert noch so lange wie die Turnstunde, dann ist die Zeitdauer für das Kind begreifbarer.

Die sensiblen Phasen

Von der Geburt bis zu 3 Jahren

Hier ist das kleine Kind in einer Phase, während der es eine besonders große Aufnahmebereitschaft und Aufnahmefähigkeit besitzt und alles aus seiner Umwelt aufnimmt. Es ist mit allen seinen Sinnen offen und erfahrungsbereit, da es über den »absorbierenden Geist« verfügt. Seine Aktivitäten sind noch ganz spontan.

Besondere Sensibilitäten besitzt ein Kleinkind jetzt

- für die **Sprache**: Bevor ein Kind das erste Wort sagt, hat es bereits sehr ausgiebig die Geräusche und Wörter seiner Umwelt gehört und dabei die Lippenbewegungen intensiv beobachtet. Daher ist es für kleine Kinder hilfreich, wenn wir Erwachsenen deutlich mit ihnen sprechen und ihnen eine schöne Klangwelt anbieten.
- für die **Ordnung**: Kleine Kinder sind auf Ordnung angewiesen. Sie werden in eine für sie völlig fremde und unüberschaubare Welt geboren, die sie am leichtesten erkunden können, wenn sie geordnet und regelmäßig erscheint. Denn so kann eine wichtige Grunderfahrung gemacht werden: »Meine Welt ist in Ordnung.« Die äußere Ordnung, ihre Zuverlässigkeit, bietet

Kindern in dieser Phase Anreize zum Handeln und die Möglichkeit, innere Ordnung zu gewinnen.

• für die **Bewegung**: In den ersten Lebensjahren üben und erleben Kinder alles durch Bewegungen. Schließlich richten sie sich auf, um die ersten Schritte frei in die Welt hinein zu tun. Deshalb ist es gut, wenn Eltern kleinen Kindern viel Bewegung ermöglichen und Anreize zur Fortbewegung (auch für die Dimensionen von hoch und tief) bieten. In dieser Phase nehmen Kinder ihre Umwelt in erster Linie körperlich wahr. Zunächst fühlen sie sich ganz eins mit der Welt. Erst durch ihre Bewegungen stellen sie mehr und mehr fest, dass ihre Handlungen etwas in der Welt verändern. Sie erkennen z.B., dass sie einen Gegenstand von einem Ort an einen anderen tragen können.

Auch wenn kleine Kinder manchmal passiv wirken, so sind sie doch in hohem Maße aktiv, da sie die Welt beobachten und alles in sich aufnehmen. Es ist eine intensive Zeit des Lernens, in der der kindliche Wissensdurst unersättlich ist und Kinder die Menschen ihrer Umwelt ständig nachahmen. Ferner haben Kinder von etwa eineinhalb bis vier Jahren ein besonderes Interesse an kleinen Gegenständen und entwickeln bereits eine Vorstellung von Zeit und Raum sowie von Wahrheit und Wirklichkeit.

Von 3 bis 6 Jahren

Jetzt erweitert sich der Aktionshorizont des Kindes, es weiß nun, dass seine Handlungen etwas verändern, und es erlebt zunehmend sich selbst, abgetrennt von den anderen. Gleichzeitig *wächst sein Interesse an den anderen Menschen*. Es nimmt nicht mehr vorwiegend auf, sondern geht nun fragend und fordernd auf andere Menschen, vor allem andere Kinder, und auf neue Dinge zu. Es sucht willentlich Kontakt zu anderen, versucht sich in neue Gruppen einzufügen und seinen eigenen Platz darin zu finden. Das, was die Kinder in den ersten Lebensjahren aufgenommen haben, will nun benannt und zugeordnet werden. Wobei in diesem Alter die Logik des Kindes noch anders funktioniert als unsere.

Zum Thema »Umweltverschmutzung durch Autos« äußerte z.B. ein fünfjähriges Mädchen folgende Idee: »Man könnte doch einfach die Städte und Länder näher aneinander legen, dann müssen die Leute nicht mehr mit dem Auto fahren, sondern können zu Fuß dahin gehen.« Ein anderes Mädchen wollte das Problem der Straßenkinder in Lateinamerika folgendermaßen lösen: »Mama, wir haben doch so ein großes Kinderzimmer, wir können die doch bei uns schlafen lassen.« Für Kinder ist es auch klar, warum Wolken so langsam sind: Sie haben ja keine Beine.

Noch erscheint Kindern die Welt wie ein »Puppenhaus«, das sich einfach umstellen lässt. Und sie empfinden ihre Perspektive der Welt als die »richtige«, da sie zunächst nicht wissen, dass es unterschiedliche Ansichten eines Gegenstandes gibt. Denn *kleine Kinder können sich noch nicht in die Vorstellungswelt anderer Menschen hineinversetzen.* Noch wissen sie nicht genau, was ihr Verhalten auslöst und bewirkt. Doch allmählich beginnen sie ihre eigene Identität zu erleben. Bereits zwischen dem zweiten und dritten Lebensjahr haben sie begonnen, »Ich« zu sagen und werden nun zunehmend zum »bewussten Arbeiter«.

Kinder verfeinern ihre Wahrnehmungen, vor allem entwickelt sich hier mit ca. vier bis viereinhalb Jahren ihr Tastsinn. Sie wollen alles fühlen, anfassen. Ferner malen Kinder jetzt gerne Buchstaben nach und fragen dann: »Was steht da?« Denn im Alter von dreieinhalb bis viereinhalb Jahren interessieren sie sich für das Schreiben. Und unabhängig vom Schreiben üben sie zwischen viereinhalb und fünfeinhalb Jahren das Lesen.

Von 7 bis 12 Jahren

Dies ist eine Zeit hoher *moralischer und sozialer Sensibilität*. Kinder entwickeln nun verstärkt ein System von gut und böse, von richtig und falsch. Normen, Werte und Grundzüge gesellschaftlichen Verhaltens müssen in dieser Phase erfahren und geübt werden. Da fragen sie z.B.: »Warum darf Julia fernsehen und ich nicht?« Hier ist es hilfreich, klare Verhältnisse zu schaffen. Ferner befinden sich die Kinder nun auf dem Weg zur Welt der Abstraktion. Diese wollen sie in all ihren Details erfahren und verstehen. Dabei lernen sie gleichzeitig unterschiedliche Perspektiven einer Sache kennen. Ihr Denken bezieht sich jedoch noch ganz auf sinnlich erfahrbare oder konkret vorliegende Sachverhalte.

Von 12 bis 18 Jahren

Die *grundlegenden Fähigkeiten und Fertigkeiten* hat der Jugendliche bereits erlernt – jetzt will er diese *selber anwenden und durch Erfahrungen vertiefen*. Jugendliche wollen die Grenzen des Möglichen erproben, sie brauchen Zeit, um zu sich selbst zu finden, den Dingen auf den Grund zu gehen und den Sinn ihres Lebens zu suchen. Die Freundschaften zu anderen Jugendlichen werden sehr wichtig. Sie erproben ihre Freiheiten und suchen dann doch wieder nach Geborgenheit. Sie bilden ihre eigenen Perspektiven (z.B. in einer Jugendclique) in Abgrenzung zu anderen Sichtweisen. Maria Montessori entwarf für dieses Alter eine Erfahrungsschule des sozialen Lebens, einen »Erdkinderplan« für eine selbst verwaltete und selbst verantwortete Kindergesellschaft. In dieser Phase treten die Heranwachsenden in die Welt der *Abstraktionen* ein, und die anschaulichen Materialien werden unbedeutender.

In jeder dieser Phasen zeigen Kinder durch ihre große Neugierde, ihre Konzentrationsfähigkeit und Ausdauer sowie ihre Schaffenskraft ihre eigene, große Entwicklungsarbeit. Und die geht von den Kindern aus, nicht von uns Erwachsenen.

Maria Montessori spricht bei den kindlichen Aktivitäten deshalb auch von »Arbeit« und nicht von »Spiel«. Wobei sie damit insgesamt auf die Unterschiede zwischen Kindern und Erwachsenen aufmerksam macht.

Unterschiede zwischen Kindern und Erwachsenen

Die großen Unterschiede zwischen Kindern (vor allem kleinen Kindern) und Erwachsenen bestehen vor allem darin, dass Kinder mit ihrem absorbierenden Geist, ihrem ausgeprägten Bewegungsdrang, ihren spontanen Aktivitäten, ihrer großen Konzentrationsfähigkeit und ihrem Einssein-mit-der-Welt einen ganz anderen Zugang zu ihrer Umwelt haben als Erwachsene. Wir sind wesentlich leistungs- und zielorientierter, unsere Wahrnehmung ist weitaus selektiver und unsere Spontaneität und Konzentrationsfähigkeit haben deutlich abgenommen. Ebenso hat sich unser Bewegungsdrang verändert. Wir wollen durch unsere Handlungen und unsere Arbeit Ergebnisse erzielen, und dies möglichst effektiv.

Doch Kindern ist das Ergebnis ihrer Arbeit zunächst einmal nicht wichtig. Sie handeln aus innerem Antrieb heraus, um neue Fähigkeiten und Fertigkeiten zu erwerben und sich auf diese Weise selbst zu »vervollkommnen«. Sie haben dabei großes Interesse an den Funktionen, nicht aber an den Gegenständen. Deutlich zu erkennen ist dies, wenn sie z.B. immer wieder etwas loslassen und dabei beobachten, wohin es fällt. Sie lernen dabei, dass der Gegenstand fällt und nicht fliegt.

Völlig verschieden hierzu arbeiten wir Erwachsenen. Aufgrund zahlreicher äußerer Motive verändern wir mit großem Kraftaufwand die Umwelt. Die Kinder hingegen wünschen nicht, von den Mühen ihrer »Arbeit« erlöst zu werden. Im Gegenteil, oft genug müssen wir Eltern auf unsere Kinder warten, weil sie noch intensiv Steine sortieren, malen, etwas in eine passende Öffnung stecken oder die Schnürsenkel übereinander schlagen – weil sie eben noch »arbeiten«. Wenn wir Kindern zuhören, bemerken wir, dass sie selbst von ihrer Arbeit und nicht vom Spielen sprechen. Alles das bedeutet Entwicklungsarbeit, die jedoch nicht unbedingt zum Rhythmus und den Erwartungen unseres Erwachsenenalltags passen.

In unseren Augen erscheinen manche Aktivitäten von Kindern ziemlich überflüssig. So auch im folgenden Beispiel: In unserer Nachbarfamilie beobachteten wir einmal, wie sich ein anderthalbjähriges Mädchen am Wohnzimmertisch hochzog, weil es dort eine schöne Schüssel mit Obst entdeckt hatte. Es nahm jedes Obststück einzeln aus der Schüssel heraus und legte es auf den Tisch. Nachdem es alle Früchte herausgeholt hatte, legte es sie einzeln wieder in die Schüssel zurück. Dies wiederholte es ca. zehn Mal. Das kleine Kind war dabei so konzentriert wie eine Chirurgin. Seine Mutter wurde allmählich unruhig, weil sie glaubte, ihre helle Tischdecke könnte Obstflecken bekommen, und sie unterbrach die Arbeit des Mädchens abrupt, indem sie alle Früchte ergriff, in die Schüssel zurücklegte und diese oben auf das Regal stellte. Die Mutter erklärte, das Obst sei zum Essen und nicht zum Spielen da. Daraufhin weinte das kleine Mädchen und ließ sich durch nichts trösten. Denn es empfand seine Aktivität als durchaus ernsthaft und wichtig, auch wenn die Mutter keinen objektiven Zweck in dieser Betätigung finden konnte.

Wie leicht missachten wir Erwachsenen die Perspektive des kleinen Kindes, das gerade die Welt erkundet. Eine für das Kind völlig neue Welt, in der es sich aktiv durch Bewegen, Berühren, Beobachten und Hören erfahren muss. Und dabei viel lustvoller, spontaner, begeisterungsfähiger und neugieriger vorgeht als wir Erwachsenen. (Bei uns herrschen vielmehr die Vernunft und die Selbstbeherrschung.) In diesem Fall hätte es geholfen, wenn die Mutter z.B. ein Tablett geholt hätte, auf das die Früchte gelegt worden wären, um die Tischdecke zu schonen. Oder wir finden eine Alternative an einem Ort, wo das Kind mit den dazu notwendigen Materialien ungestört experimentieren kann und unser Wohnzimmer verschont bleibt.

Es gibt viele andere Beispiele dafür, dass wir in die Aktivitäten eines Kindes eingreifen. Oftmals meinen wir es hierbei »gut«: Da bemüht sich etwa der vierjährige Junge, seine Schnürsenkel zuzubinden. Es klappt und klappt jedoch nicht, so dass die Mutter ihm die Arbeit abnimmt und die Schuhe schnell zubindet. Aber war dies wirklich eine Hilfe für den Jungen? Er wollte nicht schnell fertig sein, sondern es so lange ausprobieren, bis es ihm alleine gelingt. Vielleicht wollte er gerade fragen: »Zeigst du mir, wie das geht?«

In unserem Erwachsenenalltag haben wir hierfür jedoch nicht immer genügend Geduld und Zeit. Wir können die Dinge viel schneller und effektiver erledigen (und unser Alltag erfordert dies auch). So nehmen wir Kindern viele Arbeiten ab: Wir waschen sie, ziehen sie an und tragen sie auf dem Arm, ordnen für sie alles und denken, damit unseren Kindern zu helfen. Wichtiger wäre es jedoch, sie an den Arbeiten zu beteiligen und ihnen schrittweise zu zeigen, wie sie diese selbst machen können. Denn Kinder wachsen an ihrer Arbeit und ermüden dabei nicht. Im Gegenteil, selbstständige Arbeit erhöht sogar ihre Energie.

Die vermeintlichen Launen unserer Kinder

Was passiert, wenn wir Eltern die Arbeit unserer Kinder stören beziehungsweise wenn wir ihnen die Arbeit abnehmen? Oder wenn wir uns zu sehr in ihre Aktivitäten einmischen (sie kommentieren, ihnen zu viele Vorschriften machen usw.)? Oder wenn wir auf bestimmte, natürliche Bedürfnisse unserer Kinder nicht eingehen? In den meisten Fällen werden Kinder dann ärgerlich. Denn wir stören etwas, das natürlich und notwendig in ihnen angelegt ist. Wir behindern in dem Moment ihren individuellen Bauplan. Eigentlich ist ihre Verstimmtheit eine sehr gesunde Reaktion gegen solche Störungen, sie ist sogar ein Ausdruck ihrer persönlichen Würde. Kinder setzen sich aktiv – manchmal für uns Erwachsene äußerst unangenehm – für ihre Bedürfnisse und Rechte ein.

Doch häufig sehen wir Eltern nur das launische Kind, das gerade schreit, nicht auf uns hören will, bockig das Glas auf dem Tisch umschmeißt oder auf andere Weise unwillig reagiert. Wie oft verstehen wir das nicht und denken: »Was will es jetzt bloß wieder?« Es ist dann nicht einfach für uns, ruhig zu bleiben. Doch manchmal hilft es, wenn wir versuchen zu verstehen, warum ein Kind gerade übellaunig reagiert und was es eigentlich gerade will. Denn oft haben Kinder einen Grund. Sie schreien ja nicht, um uns zu ärgern. Im Gegenteil, sie sind grundsätzlich auf unsere Zuneigung angewiesen, sie brauchen diese.

Lassen Sie uns an einigen Situationen verdeutlichen, welche Gründe sich hinter einer kindlichen Misslaune verbergen können.

In vielen Familien, in denen morgens beide Eltern pünktlich zur Arbeit und die Kinder in den Kindergarten aufbrechen müssen, gibt es Streit. Da sitzt das Kind im Kinderzimmer und spielt noch immer selbstvergessen, obwohl die Eltern bereits drei Mal gesagt haben: »Ziehe dir jetzt deine Schuhe an, wir müssen gleich losgehen.« Doch für kleine Kinder ist es bedeutungslos, ob sie »gleich« losgehen. Zum einen ist dieses abstrakte Wörtchen »gleich« für sie kaum verständlich, und zum anderen vergessen sie alles andere um sich herum, wenn sie etwas Spannendes entdecken, das ihre natürliche Neugierde weckt. Sie konzentrieren sich einzig und alleine auf diese Sache. Wir können schimpfen und drängen, doch ihr innerer

Drang, die neue Sache zu erkunden, ist stärker. Und für kleinere Kinder ist fast alles in der Welt neu.[22]

Doch im Alltag gibt es Verpflichtungen, denen sich auch Kinder unterordnen müssen. Um den morgendlichen Streit zu entschärfen, hilft es, Kindern anzubieten, dass nachmittags Zeit sein wird, ihre Arbeit oder ihr Spiel weiterzuverfolgen. Dann sollte allerdings am Nachmittag auch Zeit genug sein, in der das Kind sich ungestört und ausgiebig mit dem beschäftigen kann, was es interessiert. Ohne dass wir ihm vorgeben, womit es sich beschäftigen soll. Und wir sollten morgens so viel Zeit haben, dass wir mit unseren Kindern in Ruhe sprechen können.

Das Montessori-Konzept beschreibt, wie Kinder in einer kindgerechten Umgebung ihre natürlichen Bedürfnisse befriedigen können und dadurch seltener launisch sind.

Nun sollte man meinen, die Frustrationen und Aggressionen von Kindern müssten heutzutage geringer sein, da man die Kindheit als eigene Entwicklungszeit anerkennt und da man Kindern mit kindgerechtem Spielzeug und Mobiliar einen Schonraum gewährt. Wie wir jedoch in Schulen und in vielen Familien sehen, ist dem nicht so. Denn nach wie vor sind Kinder dem starken Einfluss unserer Erwachsenenwelt ausgesetzt. Erwachsene wählen alles für das Kind aus. Früh überfluten die Bilder der Erwachsenen die Kinderwelt. Und unter der Maßgabe, das Kind in den Mittelpunkt zu stellen, lassen viele Eltern ihre Kinder gar nicht mehr aus den Augen. Auf den Spielplätzen ist dies besonders deutlich zu beobachten. Wie viele Mütter sitzen da mit ihrem kleinen Kind im Sandkasten und schaufeln ihm den Sand in

---

[22] Zum Glück wählen die Kinder innerhalb ihrer sensiblen Phasen immer nur einzelne Aspekte dieser »neuen« Welt aus, weshalb sie sich auf natürliche Weise nicht selbst überfordern.

den Eimer, während das Kind gelangweilt in der Gegend herumschaut und schließlich zu weinen anfängt. Auch wenn die erste Trennung von der Mama dem Kind weh tut, so sollte die Mutter es doch alleine im Sandkasten spielen lassen und dem Kind zeigen: »Ich bin immer noch für dich da, auch wenn du jetzt einen Augenblick alleine spielst. Du kannst mir vertrauen und ich vertraue dir.«

Ein weiteres Beispiel finden wir in den Kinderzimmern: Manche Eltern überschütten ihre Kinder förmlich mit einem riesigen Angebot an didaktischem Spielzeug und »üben« täglich mit ihnen. Diese Kinder sind dadurch automatisch einer großen Kontrolle durch die Eltern ausgesetzt. Sie erproben sich nicht selbst.

In der Schule setzt sich die Kontrolle der Erwachsenen dann fort. Die heutigen Schulen sind kaum ein Ort zum Erproben und Experimentieren, wie sie auch kaum Lebensnähe pflegen. An der Notengebung, Themenauswahl, Handhabung und Formulierung von Regeln und »anständigem« Verhalten zeigen sich die Beurteilung der Kinder durch die Erwachsenen und ihre Anpassung an sie besonders deutlich. Solange das Schulsystem sowie die Familien nicht demokratisch, sondern hierarchisch-autoritär strukturiert sind, solange sind sie auch erwachsenen- und nicht kinderorientiert.

Doch bereits kleine Kinder brauchen diese Fülle an Aufmerksamkeit und vor allem die Kontrolle der Erwachsenen nicht. Im Gegenteil, sie benötigen lediglich eine intensive Bindung zu einem Erwachsenen oder besser zu mehreren, die geprägt ist von einem freundlichen Umgang und annehmender Sprache. Kinder müssen darauf vertrauen können, dass die Eltern auch noch da sind, wenn das Kind sich nach seinen Aktivitäten ihnen wieder zuwendet. Ansonsten müssen sie Freiräume haben, damit sie sich aktiv an der Gestaltung ihres Lebens beteiligen und in denen sie selbst den Umgang mit Problemen und Anforderungen erproben.

Indem viele Kinder unter der Woche »verplant« sind und überbehütet, bleibt die Autonomie des Kindes beschränkt: Sie werden von den Eltern zur musikalischen Früherziehung, zum Tanzen, Tennis, Malen, Schwimmen usw. chauffiert. Denn wir Eltern hoffen, den Kindern damit einen Vorsprung auf ihrem Lebensweg zu sichern. Doch wie oft reagieren Kinder darauf mit Missmut? In diese Erziehungsideale und in diesen von Erwachsenen organisierten Alltag passt ein verträumtes, ein lautes oder ein hoch begabtes Kind nicht immer hinein. Was wir als Liebe empfinden, mag nicht jedem Kind gerecht werden, und so beginnen die Konflikte.

Da weint z.B. fast täglich die Fünfjährige beim Mittagessen, weil alles schnell gehen muss; denn bereits in einer halben Stunde müssen Mutter und Tochter zur Rhythmikstunde. Oder der Vierjährige schreit jeden Morgen. Er bräuchte eine kurze Zeit der intensiven und ruhigen Aufmerksamkeit, um sich nach allen seinen Träumen in der Alltagswelt zurechtzufinden, doch die Eltern sind in Eile, da sie gleich zur Arbeit müssen.

Es ist gerade für junge Eltern oft schwer zu verstehen, was ihr Kind gerade braucht: Wenn es schreit, wütend wird oder wenn es etwas nicht will. Erst mit zunehmendem Alter kann das Kind seinen Willen in Worten mitteilen, auf einem Kanal also, auf den wir Erwachsenen besser eingestimmt sind. Kinder machen vieles ganz anders als wir Erwachsenen und ihre Wünsche und Bedürfnisse passen oft nicht zu unseren Vorstellungen, Bedürfnissen oder Sachzwängen.

In einer Familie, in der die Eltern viele berufliche Termine haben, gerne Besuch empfangen und reisen, wird ein empfindliches Kind schnell durch zu viele Reize überdreht, eventuell schreit es wild, verliert leicht die Kontrolle und klagt viel. Diese Eltern mögen ihr Kind als schwierig empfinden. Mit Mühe werden sie es disziplinieren, vielleicht mit Strafen drohen, es anschreien, schlagen und ihm vieles verbieten. Doch auf diese Weise entwickelt sich oft ein Kampf zwischen Eltern und Kind, dessen Motive ungeklärt bleiben. Spätestens in der Schule suchen manche Eltern dann mit ihrem Kind eine Therapeutin oder einen Therapeuten auf, weil sie meinen, bei ihm sei etwas nicht in Ordnung. Das Kind wird entsprechend als »schwierig«, als »hyperaktiv«, als »frech« stigmatisiert. Vielleicht aber sind hier nur die Bedürfnisse der Erwachsenen und der Kinder sehr unterschiedlich.

Für uns Erwachsene ist dieses kindliche Verhalten gewiss schwierig, weshalb wir manchmal auch sehr verärgert reagieren. Wir fühlen uns von solchen kindlichen Launen persönlich betroffen und reagieren wütend und gereizt. Vielleicht liegt die Ursache des Problems darin, dass wir selbst als Kinder nicht weinen durften, weil es nicht »lieb«, nicht in Ordnung war. Wie sehr schämen wir Eltern uns dann, wenn unser Kind in der Öffentlichkeit einen Tobsuchtsanfall hat.

Wir alle haben schon einmal Szenen wie die folgende beobachten können: An einem Samstag Mittag steht ein Vater mit seinen drei Töchtern vor einem Geschäft. Offensichtlich warten sie auf die Mutter. Das kleinste Mädchen, vielleicht vier Jahre alt, beginnt zu weinen. Sofort reagiert der Vater mit strengem Ton: »Hör sofort mit dem Geheule auf. Damit siehst du aus wie ein zermatschter Luftballon.« Das Mädchen weint daraufhin noch lauter. Der Vater ebenfalls lauter: »Hör jetzt auf, oder willst du aussehen wie ein zermatschter Luftballon?« Endlich kommt die Mutter aus dem Laden, und das weinende Mädchen drückt sich an Mamas Bauch. Sie umarmt das Kind und sagt: »O je, du bist jetzt sicherlich total hungrig, wir sind ja auch schon lange unterwegs. Kommt, lasst uns mittagessen gehen.« Schlagartig hört das Mädchen auf zu weinen. Stand bei der Mutter Verständnis für den Hunger und die Müdigkeit des kleinen Mädchens im Vordergrund, war der Vater von dem Ziel geleitet, dass die Tochter sofort aufhören sollte zu weinen.

Es ist hilfreich (wenn auch nicht einfach), sich von der persönlichen Betroffenheit, die in Konfliktsituationen entsteht, zu distanzieren und das Problem mit dem Kind zu hinterfragen: Schritt für Schritt aufzudecken, wer eigentlich welches Problem hat. Im oben genannten Beispiel hatte das Mädchen das Problem, dass es müde und hungrig war, jedoch noch warten musste. Der Vater hatte ein Problem mit den Tränen, also mit der mangelnden Selbstbeherrschung, die er »weg haben« wollte. Aus diesem Grunde konnte er gar nicht mehr das eigentlich leicht lösbare Problem sehen. Ein größeres Kind hätte sich für sein Problem mit Worten einsetzen können, doch kleine Kinder sind noch nicht so sprachorientiert.

Leider entstehen solche Missverständnisse zwischen Erwachsenen und Kindern häufiger. Hinzu kommt, dass wir unsere Urteile über das Verhalten der Kinder fällen. Wir empfinden sie als schwierig, wenn sie sich anders verhalten, als wir es gerne hätten. Dabei übersehen wir aber leicht die Stärken ihres Temperaments. Vielleicht sollten wir bedenken, dass viele große Persönlichkeiten »schwierige« Kinder waren: Pablo Picasso war bemerkenswert trotzig, Winston Churchill ein »unkoordinierter Schwächling« mit einer Sprachhemmung.[23] Diese Persönlichkeiten wiesen in ihrem späteren erfolgreichen Leben immer noch einige Kennzeichen von schwierigen Kindern auf: eigenwillig, energisch, intuitiv, mutig usw. Vielleicht steckt ja in schwierigen Kindern das Potenzial, ein besonderes Mitglied unserer Gesellschaft zu werden.

Generell können wir beobachten, dass Kinder, die auf Verständnis für ihre Bedürfnisse und Probleme treffen und die sich immer wieder eine Zeit lang konzentriert und interessiert mit etwas

---

[23] Vgl. Stanley Turecki, Leslie Tonner: Das schwierige Kind. München 1995, S. 337.

beschäftigen, nicht sehr launisch sind. Im Gegenteil, Kinder, die ihre konzentrierten Tätigkeiten in Ruhe und frei ausführen, wirken zufrieden und ausgeglichen. Aber auch sie weinen und leiden, wenn sie z.B. müde und hungrig sind.

Werden Kinder jedoch von dieser Neugierde und Konzentration abgehalten, weil die Familie losgehen muss, weil es Abendbrot gibt oder weshalb auch immer, reagieren sie darauf: Sie setzen sich dafür ein, dass sie ihre Sache weitermachen können, sei es, indem sie wütend schreien, oder sei es, dass sie einfach nicht auf ihre Eltern hören. Denn Kinder reagieren aus dem Moment heraus und überblicken noch nicht, dass sie ihre Sache später weitermachen können (auch nicht, dass es nicht mehr lange dauert, bis sie Essen bekommen oder bis die anstrengende Reise vorbei ist). Es ist deshalb gut, wenn wir Erwachsenen sie daran erinnern.

Beschäftigt sich ein Kind mit gar nichts so richtig, fragen sich Eltern, ob sie es zum Handeln motivieren müssen. Sie müssen es sicherlich nicht, wenn das Kind im Grunde ruhig und zufrieden seine Umgebung beobachtet. Nicht alle Kinder sind gleichermaßen aktiv. Ist ein Kind jedoch gelangweilt und schlecht gelaunt, so können wir Eltern uns die kindliche Umgebung näher anschauen und prüfen, ob es beispielsweise zu viel Spielzeug gibt oder ob wir uns zu sehr in die Aktivitäten unseres Kindes einmischen und es dadurch stören.

Ebenso kann es passieren, dass ein Kind schrecklich schlecht gelaunt ist, weil wir Erwachsenen eine – vorher von uns selbst aufgestellte – Regel gebrochen haben. Beispielsweise sagen die Eltern, es gibt nur nach dem Mittagessen eine kleine Süßigkeit. Eine Regel, die manche Kinder mit einigem Schmerz erlernen müssen und die sie gerne immer wieder hinterfragen. Dann entdecken sie am Nachmittag, dass die Eltern eine Tafel Schokolade essen. Viele Kinder hinterfragen daraufhin die Regel der Eltern erneut und empfinden dies als ungerecht. Deshalb rebellieren sie dagegen. Kinder wollen Gerechtigkeit – wir sollten deshalb die Regeln für uns und die Kinder gerecht gestalten, sie ihnen erklären und deutlich zeigen, dass auch wir uns an Regeln halten. Kinder gewinnen schnell den Eindruck, Erwachsene dürften alles und sie nicht. Dabei ist das Erwachsenenleben keineswegs so frei. Bereits Vier- oder Fünfjährige verstehen es, wenn wir ihnen einige Regeln beibringen, an die auch wir uns halten: im Straßenverkehr, bei Spielen, im Familienleben usw. Regeln sind in vielerlei Hinsicht wichtig.

Die meisten Regeln – auch wenn sie für Kinder zunächst schmerzhaft sind – bieten die notwendige Ordnung[24] und damit Orientierung in einer unübersichtlichen Welt. Sehr häufig reagieren Kinder launisch, wenn wir Eltern diese Ordnung durcheinander bringen: sei es, dass wir spontan ein Zimmer umstellen und das Kind feststellen muss, dass der Tisch nicht mehr da steht, wo er immer stand, oder sei es, dass sich in den Ferien der Alltagsrhythmus verändert, ohne dass das Kind dies gleich versteht. Manche Kinder schlafen z.B. auf einmal schlechter, weil in einem Zimmer etwas umgeräumt wurde. Damit hat sich für das Kind die Ordnung seiner Umwelt, die es täglich genau beobachtet, verändert. Und dies führt zu einer Verunsicherung. Einige Kinder reagieren darauf »launisch«, sogar mit Tränen, denn sie wollen die alte, vertraute Ordnung wiederhaben. Vorbeugend können wir Eltern unsere Kinder behutsam auf Veränderungen einstimmen und sie eventuell an ihnen teilhaben lassen.

Noch ein weiterer Aspekt kann uns zu der Frage veranlassen: »Muss denn das jetzt schon wieder sein?« Es ist der Bewegungsdrang vieler Kinder. Wir Erwachsenen fühlen uns z.B. beim Essen

---

[24] S. hierzu auch im Kapitel »Die sensiblen Phasen« (S. 46) die sensible Phase von Kleinkindern für Ordnung und das spätere Kapitel zu Ordnung (S. 138).

gestört, wenn das Kind zappelt, bei jedem Geräusch neugierig aufspringt und andauernd etwas verschüttet.

Leider sind vor allem für Stadtkinder die freien Bewegungsmöglichkeiten sehr eingeschränkt. Wenn dann noch im Kinderzimmer zu wenig Platz zum Toben und Bewegen ist, dann zappeln Kinder zunehmend auch zu Zeiten, bei denen wir sie gerne stillsitzen sähen. Hinzu kommt, dass es Kinder gibt, die jede Anspannung des Alltags in Bewegung umsetzen. Da nützen nicht einmal Bestrafungen, um die Kinder ruhig zu bekommen. Vielmehr helfen entspannende Spiele (s. die Vorschläge zu »Übungen der Stille«, S. 124). Den bewegungsreichen Kindern tut es sicher gut, in einen Sportverein zu gehen und/oder eine Bewegungslandschaft im Kinderzimmer zu haben.

Und was können wir tun, wenn wir trotz aller guten Vorsätze vor Wut platzen könnten? Natürlich werden wir Eltern manchmal sehr wütend, wir sind ja nicht immer nur bedacht und beherrscht. In solchen Situationen kann es erleichtern, wenn wir in einen anderen Raum gehen, bis der Ärger wieder vorüber ist.

In vielen Situationen mit unseren Kindern – vor allem mit kleinen Kindern – sind wir Erwachsenen herausgefordert, danach zu schauen, was unser Kind eigentlich gerade will und braucht. Will es gerade alleine spielen, will es etwas mit entscheiden, will es intensive Aufmerksamkeit, will es mehr oder weniger Anregungen aus seiner Umwelt und so weiter? Um dies erkennen zu können, müssen wir Erwachsenen unsere Perspektive wechseln.

Einladung zu einem Perspektivewechsel

Die Montessori-Pädagogik und speziell ihr Menschenbild laden uns Erwachsene ein, unsere Perspektive in der Erziehung zu wechseln: unsere Vorstellungen mal beiseite zu stellen und mit neuem

Blick auf unser Kind zu schauen. Wer ist es? Was interessiert es? Wie geht es mit seinen Lebenssituationen um? Und nicht: Was müsste es jetzt mit drei Jahren können? Warum findet es keine FreundInnen? Warum muss es immer stören?

Wenn wir versuchen, *auf den positiven inneren Bauplan eines jeden Kindes zu vertrauen* und somit auf seine Widerstandsfähigkeit und seine Entwicklungskräfte, dann erkennen wir zunehmend die Besonderheit unseres Kindes und lernen es verstehen. Jedes Kind zeigt uns seinen Weg, »denn jedes Kind ist Baumeister seiner selbst«.

Wir Erwachsenen tragen demnach nicht solch eine große Verantwortung für unsere Kinder, wie oftmals angenommen wird. Die Kinder gehören nicht uns, wir dürfen ihnen Vorbild sein, wir dürfen ihnen helfen, aber wir dürfen sie nicht machtvoll unseren Entwürfen und Vorstellungen anpassen. Über die kindliche Seele verfügen wir nicht. Und deshalb sollten wir unsere Kinder so lassen, wie sie sind.

Heißt das nun, dass Kinder tun und lassen können, was sie wollen? Und dass wir Eltern eigentlich gar nichts mehr in der Erziehung zu tun haben? In ihrem Buch ›Kinder sind anders‹ schreibt Maria Montessori hierzu: »Unsere Auffassung ist also weder die, dass der Erwachsene dem Kinde jede Tätigkeit abnehmen, noch die, dass die Umwelt passiv und der Erwachsene das Kind völlig sich selber überlassen soll. So genügt es denn nicht, für das Kind Gegenstände auszurüsten, die in Form und Ausmaß zu ihm passen: es gilt, den Erwachsenen zuzurüsten, auf dass er ihm zu helfen vermöge.«[25]

[handschriftliche Notiz: Passiv, trotzdem da sein; helfen wenn es verlangt wird!]

---

[25] Maria Montessori: Kinder sind anders. München 1987, S. 275.

Welche Verantwortung haben Eltern?

Inwieweit sind wir Eltern also für das Verhalten und die Entwicklung unserer Kinder verantwortlich? Häufig genug machen wir uns Vorwürfe, wenn es Probleme mit dem Kind gibt. Doch nach dem Menschenbild von Maria Montessori tragen wir Eltern nur eine »bescheidene« Verantwortung für die Entwicklung unserer Kinder. Denn Kinder »erschaffen« sich selbst, da sie hierfür einen inneren Bauplan und alle notwendigen Fertigkeiten besitzen, mit denen sie diesen Bauplan verwirklichen können.

Unsere Verantwortung liegt in der Hilfe, nicht in dem Erschaffen.

Vielleicht sind wir Erwachsenen mit unserem aktiven Verantwortungsverhalten manchmal eher einschränkend als fördernd. Nach wie vor fehlt uns häufig das rechte Vertrauen in die Fähigkeiten der Kinder. Wir meinen, sie bräuchten unsere Führung und könnten vieles gar nicht einschätzen. Doch Kinder können manchmal mehr, als wir annehmen – es zeigt sich oft nur anders, als wir vermuten. Denn sie haben einen anderen Zugang zu ihrer Umwelt als wir, und sie lernen erst allmählich ihre Umwelt bewusst selbst mitzugestalten.

Dies können sie in einer kindgerechten, anregenden Umgebung üben. Wir Erwachsenen gestalten sie für unsere Kinder. Dabei sind wir für die Kinder lediglich ein Teil dieser Umgebung.

Somit besteht unsere elterliche Verantwortung darin, den individuellen Bauplan zu respektieren und unseren Kindern bei der Entfaltung ihrer Anlagen zu helfen: etwa indem wir ihnen eine kindgerechte Umgebung bereiten, in der sie sich üben und handelnd entfalten können.

Eine wichtige Vorbedingung für unsere angemessene Hilfe besteht darin, unsere Kinder besser zu verstehen und uns Techniken anzueignen, mit denen wir unsere elterlichen Aufgaben erfüllen können.

Neuere Forschungen belegen diese Sicht: Demnach sind Kinder wesentlich aktiver, als lange Zeit angenommen, und auch weit widerstandsfähiger, als man erwarten könnte.[26]

Dies bedeutet eine deutliche Entlastung für uns Eltern in der Erziehung.

In Bezug auf unsere Verantwortungsgefühle gegenüber unseren Kindern sollten wir uns klar machen, dass jeder Mensch mit seinem inneren Bauplan ein subjektives Wesen ist. Seine Entwicklung vollzieht sich innerhalb folgender drei Komponenten, die ineinander wirken: der Natur, dem Leben in der menschlichen Gesellschaft und der eigenen, subjektiven Schaffenskraft. Somit ist letztlich jeder Mensch – auch bereits ein Kind – ein sich selbst organisierendes Wesen. Folglich ist auch ein behindertes Kind nicht ein defizitäres Wesen, sondern es ist kompetent. Es kann ebenfalls zwischen seinen eigenen Möglichkeiten und den Umweltbedingungen seine subjektive Entwicklung sinnvoll vorantreiben.

Wir Eltern sollten die Verhaltensweisen eines jeden Kindes, auch wenn sie nicht unseren Vorstellungen entsprechen, als seine persönlichen Lernwege akzeptieren.

Problematisch wird Erziehung vor allem dann, wenn uns Eltern diese individuellen Lernwege und -ziele nicht genügen. Wenn wir beispielsweise mehr von dem Kind verlangen, als ihm möglich ist und als zu seinem Verhalten passt.

Mit unseren Vorstellungen neigen wir Erwachsenen dazu, bestimmte Verhaltensweisen von Kindern zu erwarten. Wenn sie diese nicht zeigen, versuchen wir sie dahin zu erziehen und zu beeinflussen. Damit übersehen wir aber oftmals, dass jedes Kind einzigartig ist.

[26] GEO-Wissen: Kindheit und Jugend, Nr. 2/September 1993, S. 22 ff.

Eine grundsätzliche Frage lautet also: Gelingt uns ein toleranter Umgang mit dieser Einzigartigkeit, oder erwarten wir in Wirklichkeit große Anpassung von unseren Kindern? Weitere Orientierung für diese Fragen erhalten wir, wenn wir uns fragen, wohin unsere Erziehung führen soll. Damit kommen wir zu dem zweiten großen Bereich der Erziehung, zu den Erziehungszielen.

3 Komponenten für Entwicklung

- Natur
- Leben in Gesellschaft
- eigene individuelle Schafferskraft

→ jeder Mensch, → jedes Kind selbst organisierendes Wesen, das eigene Entwicklung vorantreibt.

- «Erziehungsziele liegen im Kind»
- wir brauchen nicht alle Ziele
  festzusetzen : Oberstes Ziel sollte
  sein: "normaler Mensch"

  → = entsprechend des eigenen
    inneren Bauplans

  ↳ dann stellen sich viele
  Ziele automatisch ein

  " Menschen denen man
  nicht das Rückgrat bricht
  entwickeln sich zu
  aufrechten Menschen ! "

Die Erziehungsziele in der Montessori-Pädagogik

Welche Erziehungsziele sind wichtig? Die Antwort auf diese Frage kann selbst innerhalb einer Familie strittig sein. Manche Eltern legen großen Wert darauf, dass ihr Kind eine gute Schulbildung bekommt und dass es sich den gesellschaftlichen Regeln anpasst. Andere Eltern betonen stärker, dass sich ihr Kind ausleben muss. Viele suchen einen Kompromiss zwischen diesen beiden Erwartungspolen, also zwischen den kindlichen Bedürfnissen und den gesellschaftlichen Erwartungen. Sicherlich ist Erziehung auch eine Form der Kompromissbildung. Aber müssen diese zwei Erwartungen überhaupt gegensätzlich sein?

Nach dem Menschenbild von Maria Montessori muss sich der individuelle Bauplan eines Menschen entwickeln dürfen, damit sich dieser Mensch dann um seine eigenen Bedürfnisse und um gesellschaftliche Aufgaben kümmert. Das heißt, *die Erziehungsziele liegen im Kind selbst.* Wir Erwachsenen brauchen nicht alle Erziehungsziele festzulegen. Vielmehr sollten wir als oberstes Erziehungsziel den *»normalen« Menschen* setzen. Wobei das Wort »normal« in der Montessori-Pädagogik nicht im Sinne gesellschaftlicher Normen verwendet wird, sondern meint, dass sich Kinder entsprechend ihrem eigenen inneren Bauplan entwickeln.

Wenn Kinder sich in dieser Art »natürlich« entwickeln, stellen sich auch viele andere Erziehungsziele beinahe automatisch ein. Dann werden sie zunehmend offen für andere Kinder und Menschen, sie werden freundlich und hilfsbereit, nehmen gerne Anteil am Gruppen- und Familienleben. Sie pflegen die Dinge ihrer Umgebung und respektieren ihre Umwelt. Und sie werden zunehmend selbstständiger und erwachsener, ihre Launen nehmen ab. Denn Menschen, denen man nicht das Rückgrat bricht, entwickeln sich zu aufrechten Menschen.

Das Erziehungsziel zum »normalen« Menschen bedeutet demnach auch Erziehung zu Friedfertigkeit, zu Moral und Umweltbewusstsein und damit Erziehung zu einem »neuen« Menschen.[27]

Kinder, die ihre sensiblen Phasen erfolgreich und aktiv durchlebt haben, können sich zunehmend auf die Dinge und Personen außerhalb ihrer selbst einlassen. Zuerst fühlen sich kleine Kinder eins mit ihrer Umwelt, dann lernen sie ihr Ich in dieser Welt kennen und danach nehmen sie die anderen Menschen und Dinge außerhalb dieses Ich wahr.

Ein gestärktes Ich wendet sich interessiert und respektvoll seiner Umwelt zu. Es hat die verschiedenen Dinge seiner Umgebung mit seinen Sinnen erfahren, sie in unterschiedlichen Perspektiven wahrgenommen und lernt zunehmend, unterschiedliche Sichtweisen in abstrakter Form zu formulieren. Innerhalb dieser Vielfalt der Perspektiven kann das starke Ich seine Entscheidungen fällen und sich seiner Sicht der Dinge bewusst sein. Dann erst ist es dem Heranwachsenden möglich, positiv (handelnd) auf die Umwelt einzuwirken.

Entsprechend dem positiven Menschenbild der Montessori-Pädagogik trägt jeder Mensch viele positive Eigenschaften in seinem inneren Bauplan. Jedes Kind will von seinem Bauplan her den Erwachsenen gefallen, alles lernen, was zum Erwachsenwerden gehört, selbstständig werden und handelnd in die Welt treten.

[Handschriftliche Randnotiz: Positives Menschenbild: jeder Mensch trägt viele positive Eigenschaften im inneren Bauplan (will werden wie die Erwachsenen → nachahmen)]

---

[27] Vgl. Hildegard Holstiege: Erzieher in der Montessori-Pädagogik. Freiburg 1987, S. 38

Negative Eigenschaften wie Launen entwickeln sich erst durch hemmende Faktoren und einschränkende Einflüsse der Umwelt.

Hemmend wirkt beispielsweise eine ungeordnete Umwelt. Denn nach dem Menschenbild der Montessori-Pädagogik werden Kinder mit einem ungeordneten, wild fantasierenden Geist geboren, der nach Ordnung und Systematik strebt. Alleine schon deswegen, weil die sonst undurchschaubare Welt zu beängstigend wäre. Ordnung bieten hier Vertrauen und Sicherheit, vergleichbar dem Vertrauen, dass jeden Morgen – entsprechend der natürlichen Ordnung – die Sonne wieder aufgeht. Durch die äußere Ordnung in seiner Umwelt kann ein Kind Systematisierungen erlernen und seinen Geist ordnen. Die äußere Ordnung fördert also das Wachstum eines inneren geordneten Geistes, der ein Kennzeichen des »normalen« Menschen ist. Er entspricht dem menschlichen Bauplan.

Zusammenfassend können wir sagen:

Wenn sich der innere menschliche Bauplan verwirklicht, dann reift ein »ganzer« Mensch mit einem geordneten Geist heran. Somit entfalten sich alle anderen menschlichen Grundeigenschaften (wenn auch in unterschiedlicher, individueller Gewichtung):

- Der Mensch handelt aktiv.
- Er entwickelt die in ihm angelegte Intelligenz und kann neue Erfahrungen geordnet in seinem Geist verankern.
- Er erwirbt Sprache und lernt, damit zu kommunizieren.
- Er kann verschiedene Erfahrungen zu kreativen Ideen verknüpfen.
- Er lernt, auf andere Menschen einzugehen und sich selbst innerhalb einer Gruppe zu begrenzen (soziale Kompetenz).
- Er lernt durch konkrete Erfahrungen den Umgang mit Zeit und Raum.

- Er kann seine Gefühle wie auch die Gefühle anderer wahrnehmen, einschätzen und mit ihnen respektvoll umgehen.
- Er spürt seine Geschlechtlichkeit sowie die Geschlechtlichkeit anderer und lernt, sie in sein Leben zu integrieren.
- Ferner erfährt dieser Mensch sein Eingebundensein in ein größeres Ganzes und lernt, in dessen Ordnung zu vertrauen (kosmische Ordnung und Verantwortung), wodurch er eine religiöse Dimension erkennt, die für seine Hoffnung und seine Moral von großer Bedeutung ist.
- Insgesamt hat dieser Mensch sich und seine Umwelt durch alle seine Sinne, also durch viele Kanäle, erfahren und nimmt die Vielfältigkeit des Lebens wahr.

Wer mag sich diesen positiven Erziehungszielen nicht anschließen? Doch was müssen wir Erwachsenen konkret tun, um diese Ziele zu ermöglichen? Und was ist wirklich kindgerecht? Anregungen hierzu finden wir innerhalb des dritten großen Bereiches, auf dem Erziehung fußt, der Methode.

je mehr wir für das Kind
machen, desto mehr verhindern
wir seinen Drang nach
Aktivität → DIE MÖGLICHKEIT
zu üben + lernen ...

Methodische Ideen für zu Hause

Kinder sind »Baumeister ihrer selbst« und verfügen über einen natürlichen Impuls, sich selbst zu entwickeln. Deshalb tragen Kinder eigentlich die Bitte an uns heran: »*Hilf mir, es selbst zu tun*«. Sie wollen gerne möglichst viel alleine machen. So hören wir Eltern denn auch oft von unseren Kindern: »Will alleine machen«.

Damit Kinder möglichst viel alleine machen können, also selber aktiv sind, bedarf es gewisser Vorbereitungen. Unsere Kinder werden ja in eine Welt hineingeboren, die von Erwachsenen organisiert wird. Vieles ist auf Effektivität, Ziele und Funktionalität ausgerichtet. Die Welt von Kindern jedoch ist von sinnlichen, konkreten Erfahrungen geprägt. Sie verfolgen nicht vernünftig und geradlinig ein bestimmtes Ziel. Ihre Erfahrungen müssen sie allerdings in einer von Erwachsenen dominierten Welt machen, in der Möbel, Geschirr, Höhe der Türklinken, des Waschbeckens, der Toilette usw. auf die Durchschnittsgröße eines Erwachsenen abgestimmt sind und in der die noch ungeübten Bewegungen kleiner Kinder kaum berücksichtigt werden. Wie soll ein Kind den Frühstückstisch decken, wenn der Tisch fast so hoch ist wie es selbst groß, wenn das Geschirr oben im Hängeschrank verstaut und das Marmeladenglas viel zu groß ist für die Kinderhand?

Wir Erwachsenen kommen in dieser Welt selbstverständlich gut und besser als unsere Kinder zurecht. Wir haben die Schuhe unseres Kindes schneller zugebunden oder das Schulbrot rascher geschmiert oder das Kinderzimmer besser aufgeräumt oder das Mittagessen schneller alleine gerichtet usw. Doch *je mehr wir für das Kind machen, desto mehr verhindern wir seinen Drang nach*

Aktivität, seine Möglichkeit zu üben und zu lernen. Wie bereits erwähnt, reagieren viele Kinder darauf mit Tränen und Wut, weil wir ihren natürlichen Tatendrang unterbinden.

Es erfordert zwar einige Initiative, aber es hilft dem Kind mehr, wenn wir unsere Erwachsenenwelt kindgerechter ausrichten und uns Zeit nehmen, ihm in kleinen, konkreten Schritten zu zeigen, wie es die Dinge selber machen kann. Wichtig dabei ist, dass wir lernen abzuwarten, bis das Kind selbst fragt: »Zeigst du mir, wie man Schuhe zubindet, das Brot schmiert usw.?« Denn jedes Kind hat hierbei seinen eigenen Rhythmus, seinen Zeitpunkt, an dem es etwas lernen will, und sein individuelles Lerntempo.

Die Montessori-Methode bietet uns viele Anregungen, wie wir die Umgebung unserer Kinder vorbereiten und unseren Umgang mit ihnen positiv gestalten können, um die *»Polarisation der kindlichen Aufmerksamkeit«* und die *»Selbstständigkeit durch Selbsttätigkeit«* zu fördern.

Lassen Sie uns als Erstes zusammenfassen, welche Grundvoraussetzungen für menschliches (auch geistig-seelisches) Wachstum notwendig sind:

Kinder brauchen, egal ob zu Hause oder in Kindergarten bzw. Schule ihren *Raum*. Doch in einem leeren Raum kann noch nichts wachsen, deshalb muss dieser Raum gestaltet sein und Dinge beinhalten, die das Wachstum fördern. Die Montessori-Methode macht Vorschläge für die Gestaltung solch einer *räumlich vorbereiteten Umgebung,* in der *didaktisches Material* Kinder fördert. Hier lernen Kinder die Welt in kleinen, konkreten Schritten kennen.

Doch die Welt ist sehr vielfältig und schwer durchschaubar, deshalb brauchen vor allem Kinder Orientierung durch *Ordnung.* Ordnung ist denn auch ein wichtiges Merkmal in der Montessori-Erziehung, einerseits bei der Gestaltung der kindgerechten Umgebung, andererseits in der Form der Montessori-Materialien, deren Aufbau natürliche Ordnungen widerspiegelt. Sie sind logisch strukturiert und berücksichtigen die hierarchischen Denkstrukturen unseres Gehirns.

Ferner braucht das Kind *Zeit* und *Freiheit,* um wachsen zu können, Kategorien, die in der Montessori-Methode besonders hervorgehoben und berücksichtigt werden. Zudem könnte kein Kind ohne menschliche Beziehungen aufwachsen. Wir Eltern, die Geschwister und Gleichaltrige sind hier die ersten, wichtigen Bezugspersonen. Die Montessori-Methode definiert die *Rollen und Aufgaben der Erziehenden* und bietet uns konkrete Anregungen für die Gestaltung dieser Beziehungen.

Wie wir diese grundsätzlichen Bereiche des pädagogischen Alltags in unsere häusliche Umgebung und in unseren individuellen Erziehungsalltag integrieren können, wird in den nun folgenden Abschnitten näher beschrieben. Zuerst betrachten wir die räumliche Gestaltung, dann gehen wir darauf ein, welche Kriterien die Materialien und das Spielzeug erfüllen sollten und wie wir unsere Kinder in den Umgang mit den Materialien am besten einführen. Daran schließt sich die nähere Beschreibung unserer Rolle als Mutter/als Vater an. Zum Schluss betrachten wir, was die Montessori-Methode zum Belohnen und Bestrafen als Erziehungsmittel sowie zu Ordnung, Zeit, Freiheit und zu den Grenzen sagt.

Die Gestaltung der familiären Umgebung zur vorbereiteten Umgebung

Es ist üblich, dass wir die Wohnung für Gäste schön herrichten und freundliche Umgangsformen wahren, damit sich der Besuch bei uns wohl fühlt. Ähnlich verfahren mittlerweile immer mehr Eltern, wenn sie Kinder bekommen. Sie richten ein Kinderzimmer mit Kindermöbeln ein, besorgen einen Babysitz, einen Kinderwagen, eine Babywanne, Spielzeug usw. Doch wie können wir Eltern uns bei diesem vielfältigen Angebot an Kindersachen entscheiden, was wirklich kindgerecht ist, was unsere Kinder zu eigenem Handeln anregt und was ihrer gesamten Entwicklung dient?

Für eine kindgerechte Umgebung gilt grundsätzlich, dass die Gegenstände darin den physischen und psychischen Kräften des Kindes entsprechen sollen[28], damit es dort ohne viel Hilfe zurechtkommen kann. Alles in der Wohnung, was auf die Größe und Kraft der Kinder abgestimmt ist, erleichtert es ihnen, die Dinge selber zu tun. Viele Kinder helfen gerne im Haushalt. Sie decken auch den Tisch, wenn sie selbstständig an das Geschirr herankommen. Und viele Kinder räumen auch auf, wenn wir ihre Art der Ordnung akzeptieren.

Hier einige Anregungen, wie wir die Räume unserer Kinder zu Hause so gestalten können, damit sie sich darin gut zurechtfinden:

- Heutzutage haben die meisten Kinder ein Kinderzimmer, in dem sie sich relativ frei bewegen können. Damit ist die grundsätzliche Forderung nach einem *Raum* erfüllt.
- Schön wäre, wenn das Kinderzimmer genug *Platz für* den *ausgeprägten kindlichen Bewegungsdrang* böte. Da sich Kinder gerne bewegen und dies für ihre gesunde Entwicklung auch tun müssen, sollten sie hierfür ausreichend Möglichkeiten haben. Der Bewegungsdrang von Kindern ist ein natürliches Bedürfnis, ihn zu verhindern führt grundsätzlich zu Aggressionen. Wir alle wissen aus Erfahrung, dass Kinder nicht lange bei Tisch still sitzen können und selbst bei einem spannenden Brettspiel auf dem Stuhl hin und her rutschen.

---

[28] Für behinderte Kinder müssten weitere, auf die individuellen Bedürfnisse abgestimmte Veränderungen vorgenommen werden, was einer eigenen Beschreibung bedarf.

Besonders Stadtkinder haben draußen kaum noch freie und sichere Plätze zum Springen und Laufen, so dass sie oftmals die meiste Zeit des Tages in der Wohnung verbringen. Vor allem für solche Kinder ist es sinnvoll, das Kinderzimmer mit alten Matratzen zum Springen, einer Holzkiste mit Rädern und einem Schaumstoffsitz oder einer Röhre zum Durchkriechen auszustatten. Dies bietet Kindern Platz für lustvolle Bewegungen, und sie brauchen nicht auf dem guten Wohnzimmersofa herumzuspringen oder am Mittagstisch zu zappeln.

- Es ist ebenfalls von Vorteil, wenn im Kinderzimmer *einzelne Ecken und Nischen für verschiedene Spielmöglichkeiten* reserviert sind. In einer Ecke könnte ein Kaufladen oder eine Koch- und Puppenecke sein, in einer anderen eine Verkleidungsecke usw. So bekommt alles seinen Platz, und mehrere Kinder haben in einem Raum gleichzeitig die Möglichkeit, mit klaren Grenzen verschiedenen Spielen nachzugehen. Wenn zusätzlich noch Platz ist, um Höhlen zu bauen (mit Decken und Stühlen oder Leitern), regt dies Kinder ebenso zu ideenreichem Schaffen an.

- Ein Kinderzimmer sollte auch *Rückzugsecken* für die einzelnen Kinder bieten, indem z.B. ein Regal oder ein Schrank vorgezogen wird und dahinter eine kleine, gemütliche Sitzecke entsteht. Hierhin kann sich ein Kind zurückziehen, wenn es z.B. wütend, verärgert oder traurig ist und dafür seinen Raum braucht. Wenn wir das Kind trösten wollen, können wir ihm dies anbieten und dann warten, bis es zu uns kommt und unseren Trost wieder annehmen kann. Denn ein äußerer Raum schafft auch einen respektvollen Raum für das kindliche Gefühlsleben. Oft genug lösen ja gerade wir Eltern und die Geschwister mit einem Nein Ärger aus, der erst einmal in Ruhe vom Kind verdaut werden muss.

- Damit bereits kleine Kinder ihre *Stühle und Tische* im Kinderzimmer selbst bewegen und ihren Raum gestalten können, sollten diese *klein* und *leicht* sein.

- **Offene** und *niedrige Regale* ermöglichen Kindern, alleine daran zu kommen, also Gegenstände selbst aus dem Regal zu holen und auch selbst wieder hinein zu räumen.

- Schöne *Bilder* und ein *Spiegel* sollten auf *Blickhöhe* der Kinder hängen. Kinder betrachten sich gerne ausgiebig im Spiegel.

- Ein *Kinderkleiderschrank* erleichtert Kindern den *Zugang zu ihrer eigenen Kleidung*. So können sie schon früh selbst entscheiden, was sie anziehen wollen. Wir sollten ihnen nur wegen der wechselnden Temperaturen und Anlässe beratend zur Seite stehen. In einen Kinderkleiderschrank können Kinder auch bequem ihre Wäsche selbst räumen. Dafür müssen wir ihnen nur anfangs die nötigen Bewegungen langsam und deutlich vormachen.

- Bereits für kleine Kinder ist ein *Bett* sinnvoll, *in das sie alleine hineinkrabbeln können und aus dem sie ebenso problemlos wieder herauskommen*. Vielleicht wäre sogar – für den Anfang – eine Matratze auf dem Boden geeignet, damit das Kind nachts nicht aus dem Bett fällt. Manche werden sich fragen, ob nicht ein Gitterbett viel besser und sicherer für Krabbel- und Kleinkinder ist, da wir Eltern das Kind doch sowieso zu gegebener Zeit schlafen legen. Doch Erfahrungen zeigen, dass bereits kleine Kinder ihren eigenen Schlafrhythmus haben und sich in ihr Bett legen, wenn sie müde sind. Wir Eltern sind nicht für ihren Schlaf verantwortlich. Unsere Aufgabe besteht vielmehr darin, die Umgebung unserer Kinder so zu gestalten, dass sie schlafen können, wenn sie müde sind.

Natürlich schläft ein Kind nicht, wenn die Geschwister gleichzeitig im Kinderzimmer laute und spannende Spiele machen oder andere Reize die Neugierde des müden Kindes fesseln. Wenn wir Eltern jedoch während des Tages sanft für ausreichende Ruhephasen sorgen, indem wir z.B. ruhig sprechen und uns auch stillen Beschäftigungen zuwenden, dann ermöglichen wir dem Kind, selbst zur Ruhe zu kommen. Legen wir aber das Kind ins Bett, weil wir meinen, es müsse jetzt müde sein, führt dies oftmals zu einem jahrelangen Kampf beim Zubettgehen.

Heißt dies nun, wir Eltern müssen uns jahrelang auf den Rhythmus der Kinder einstellen, auch wenn damit die eigenen Grenzen überschritten werden?

Hinter dem Wunsch, dass Kinder zumindest abends um acht Uhr im Bett liegen, verbirgt sich in der Regel das berechtigte Bedürfnis der Eltern nach erholsamer und ungestörter Abendruhe. Was also kann man tun, wenn ein Kind leider nicht den Schlafrhythmus von zwölf Stunden, pünktlich ab acht Uhr abends, hat, man aber seine Ruhe braucht? Eine Möglichkeit besteht darin, dass sich Kinder, die nicht genau zur Abendruhe einschlafen, noch im Kinderzimmer beschäftigen, jedoch die Eltern nicht mehr stören dürfen. Denn Kinder, die am Tag genügend liebevolle Aufmerksamkeit erhalten und nette Erlebnisse gehabt haben, brauchen am Abend keine erhöhte Aufmerksamkeit mehr.

Allerdings müssen wir Eltern unsere eigenen Grenzen schützen, indem wir sie unseren Kindern kurz und deutlich mitteilen und sie dann selbst konsequent einhalten. Will ein Kind noch etwas erzählen, dann können wir ihm anbieten, morgen wieder zuzuhören.[29] Das dürfen wir nur nicht am nächsten Tag vergessen.

---

[29] Manche Streitereien beim Zubettgehen der Kinder lassen sich vermutlich darauf zurückführen, dass wir Eltern unserem Kind während des Tags zu wenig ungeteilte Aufmerksamkeit haben zukommen lassen. Vielleicht gab es kaum Zeit, richtig zuzuhören, dem Kind dabei in Ruhe in die Augen zu schauen, es zu berühren und mit ihm zu lachen. Kinder kämpfen dann zu den unterschiedlichsten Zeiten um solch einen ungestörten Kontakt mit den Eltern.

In Bezug auf das Schlafen denken wir zum Teil noch so, wie unsere Mütter vor zwanzig Jahren über das Stillen dachten. Da hieß es, Säuglinge müssten etwa alle vier Stunden gestillt werden und hätten diesen Rhythmus zu lernen. Doch heute wissen die meisten Mütter, dass ihre Kinder nicht verhungern, wenn dieser Rhythmus nicht eingehalten wird. Jeder Säugling hat seinen eigenen Trinkrhythmus, und es gibt weniger Geschrei, wenn Babys in ihrem Rhythmus trinken dürfen. Ebenso haben Kinder ihren eigenen Schlafrhythmus, den wir Eltern ihnen nicht erst »anerziehen«, also nicht aktiv steuern müssen.

- *Im Badezimmer und in der Küche* helfen *Hocker,* dass Kinder Waschbecken und Schränke leichter erreichen.
- *Alltagsgegenstände* wie Seife, Handtücher, Besteck, Trinkgläser, Besen, Kehrschaufel usw. sollten der *Größe einer kleinen Kinderhand entsprechen.*
- Am Esstisch ist ein *Kinderstuhl* sinnvoll, den ein Kind möglichst früh alleine benutzen kann und mit dem es hoch genug am Tisch sitzt. Die Tripp-Trapp-Stühle bewähren sich hier gut.
- Kinder lieben schöne Dinge. Deshalb wirkt es positiv, wenn die *Umgebung der Kinder wohnlich und ästhetisch gestaltet* ist. Dies motiviert sie, mit schönen Dingen vorsichtig umzugehen. Da Kindern jedoch aufgrund ihrer noch unausgereiften Motorik manchmal etwas kaputt geht, kaufen Eltern gerne Plastikbecher statt Gläser und sichern überhaupt alles in der Wohnung, was Schaden nehmen oder Schaden anrichten kann, seien es scharfe Tischkanten, die guten Bücher usw. Wie aber soll ein Kind den richtigen Umgang mit diesen Dingen lernen, wenn sie nicht da sind?

Maria Montessori empfahl deswegen, zerbrechliche Sachen nicht vor Kindern zu verstecken. Vielleicht werden Sie nun fragen: »Wie? Das gute Geschirr in die Hände einer Vierjährigen? Dann zerbricht es doch!« Aber auf diese Weise legt man mehr

Wert auf das Geschirr als auf das Kind. Denn erst im Umgang mit zerbrechlichen, gefährlichen Gegenständen zeigen sich falsche Bewegungen eines Kindes.[30] Kinder wollen nichts kaputt machen, sondern ihre Motorik schulen. Geht doch einmal etwas kaputt, dann ist uns vermutlich nach schimpfen zumute, aber das Kind wird selbst erschrocken darüber sein, dass es etwas zerbrochen hat. Unser Kommentar beschämt ein Kind in dem Moment nur noch mehr und ruft aggressive Reaktionen hervor. Deshalb schlagen vielleicht manche Kinder nach dem schimpfenden Elternteil, geben eine freche Antwort oder ziehen sich traurig zurück.

In diesen schönen Räumen, eingerichtet mit kindgerechten Möbeln, braucht ein Kind nun ansprechende Gegenstände, mit denen es sich sinnvoll beschäftigen kann.

Wir alle wissen, dass Kinder, die sich gut alleine beschäftigen, ausgeglichener sind. Deshalb die Frage: Mit welchem Spielzeug spielen unsere Kinder gerne, und wie bringen wir unseren Kindern etwas bei?

Montessori-Materialien

Wie wir bereits aus der Biografie von Maria Montessori erfahren haben, entwickelte sie Materialien und formulierte Übungen, die das kindliche Interesse innerhalb seiner jeweils sensiblen Entwicklungsphase ansprechen. So können Kinder durch das Greifen begreifen lernen und mit allen Sinnen systematisch neue Fähig-

[30] Maria Montessori: Das Kind in der Familie. Stuttgart 1954, S. 76 f.

keiten und Fertigkeiten erwerben. Zuerst fördern die Montessori-Materialien die verschiedenen Bewegungen und die einzelnen Sinne, dann werden sie zunehmend abstrakter, was ja auch der menschlichen Entwicklung entspricht.[31]

Kleine Kinder müssen alles anfassen, beschnuppern, in den Mund nehmen, hören und sehen, ausprobieren: »Was passiert, wenn ich es loslasse, wenn ich daran ziehe usw.?« Erst nach diesen konkreten, sinnlichen Erfahrungen sind Kinder zunehmend in der Lage, zu verallgemeinern und zu abstrahieren. Ein vierjähriges Kind nimmt die Welt ganz konkret wahr, mit zehn, elf Jahren kann es aus seinen Erfahrungen (abstrakte) Schlüsse ziehen.

Diesem Entwicklungsverlauf entsprechen die Montessori-Materialien. Für die ersten Lebensjahre gibt es die *Sinnesmaterialien* und die *Übungen des täglichen Lebens*. Daran schließen sich die *Sprach-* und die *Mathematikmaterialien* sowie die *Materialien zur kosmischen Erziehung* systematisch an.

Wie bereits erwähnt, sind die Montessori-Materialien in erster Linie für Kindergärten und Schulen entwickelt worden. Es macht sicher Sinn, diese zahlreichen und teuren didaktischen Materialien, vor allem die Sprach- und Mathematikmaterialien, in diesen Institutionen zu belassen. Nicht zuletzt auch, weil sie Kindern fachgerecht gezeigt werden sollten. Doch diese Materialien erfüllen bestimmte Anforderungen und werden in kindgerechter und sinnvoller Art angeboten. Sie bieten uns Anregungen für zu Hause – für die Spielzeugauswahl und dafür, wie wir Kindern etwas Neues zeigen.

---

[31] Dies wurde z.B. durch den Schweizer Entwicklungspsychologen Jean Piaget bestätigt.

Grundsätzliche Anforderungen an Montessori-Materialien

Alle im Folgenden genannten Grundanforderungen an Montessori-Materialien entsprechen den kindlichen Bedürfnissen, Fertigkeiten und Fähigkeiten (geistig und motorisch). Die einzelnen Kriterien lassen sich zusammenfassen und als Entscheidungsgrundlage für unsere Spielzeugauswahl verwenden.

- Gegenstände für Kinder sollten von ihrer Größe und Art her *in Kinderhände passen*: Ein vierjähriges Kind kann nicht mit einem großen Besen kehren oder mit einem großen Messer sein Brot schmieren oder einen großen, schweren Ball fangen. Kinder sollten mit den Gegenständen, die wir ihnen anbieten, einfach und unkompliziert umgehen können.
- Manches Spielzeug ist mit zu vielen verschiedenen Anforderungen überfrachtet: Da soll beispielsweise ein zweijähriges Kind in einem Steckhaus »größer« und »kleiner«, »dicker« und »dünner«, verschiedene Farben, Geräusche und Zahlen unterscheiden. Alle diese Merkmale werden dem kleinen Kind gleichzeitig angeboten. Dies überfordert es aber, deshalb sollten Materialien und Spiele jeweils nur *ein Phänomen isoliert* veranschaulichen.

Kinder befassen sich interessiert mit einzelnen Details, und wenn sie eines noch nicht kennen, ist das spannend genug. Ein kleines Kind lernt z.B. begeistert »größer« und »kleiner« kennen, indem es große und kleine Knöpfe in unterschiedlich große Öffnungen steckt oder Bauklötze nach Größen sortiert, nicht aber gleichzeitig noch die Farben und anderes unterscheidet. Die Wörter »größer« und »kleiner« sind in diesem Zusammenhang noch nicht wichtig, sie können später in einer eigenen Übung erlernt werden. Auch das Binden einer

Schleife lässt sich am besten isoliert an einem Schleifenrahmen üben.

- Um eine Funktion eines Gegenstandes zu erfassen, soll dieser
  Gegenstand (dieses Material) nicht entfremdet, das heißt nicht
  für eine andere Funktion eingesetzt werden. Die blau-roten
  Stangen des Montessori-Materials beispielsweise dienen der
  Anordnung von eins bis zehn und sind keine Holzschwerter.

- Eine weitere grundsätzliche Anforderung besagt, dass *eine
  Übung, ein Material* – so auch das Spielzeug – *dem Können und
  Wissen des Kindes, also seinem kindlichen Entwicklungsstand, seiner sensiblen Phase und damit seinem momentanen Interesse
  entsprechen soll*. Einem dreijährigen Kind, das gerade mit Vor-
  liebe Spielzeugautos oder Steine sortiert und damit erste Erfahrungen mit mathematischen Mengen und Ordnungen macht,
  brauchen wir nicht die Zuordnung von Zahlen aufzudrängen.
  Wenn es die Mengen kennen gelernt hat, fragt es selbst irgendwann: »Wie viele sind das?« Erst dann wird es sich für unsere
  Erklärung der Zahlen und der dazugehörigen Mengen interessieren. Und das Schreiben und Lesen der Zahlen wird zu einem
  wieder späteren Zeitpunkt erlernt.

  Das heißt, wenn wir Erwachsenen ein Kind genau beobachten, sehen wir, was es momentan macht, und können versuchen
  zu verstehen, worauf sich sein Interesse gerade konzentriert: Ein
  vierjähriges Kind, das immer wieder Zick-Zack-Linien in den
  Sand oder auf Papier malt, übt sich im Schreiben. Vielleicht fragt
  es auch: »Was steht da?« Auf diese Weise zeigt sich seine sensible
  Phase für das Schreiben, worin wir es dann fördern können.[32]
  Beispielsweise, indem wir ihm die Zeit und viel Papier zum

---

[32] Wobei Schreiben unabhängig vom Lesen erst einmal als eigene Einheit
erlernt wird.

Üben geben und ihm weitere Bewegungsabläufe von Buchstaben zeigen, wie Wellenlinien und Kreise.

- Wie an der Reihenfolge des Mengen- und Zahlenlernens zu erkennen ist, sollten einzelne *Lernschritte aufeinander aufbauen und gewisse Ordnungsprinzipien beachten*: Kleine Kinder lernen die Dinge ihrer Umwelt zunächst durch Fühlen, Schmecken, Hören und Riechen kennen, das heißt, sie nehmen die Dinge konkret sinnlich wahr. Diese Erfahrungen speichern Kinder, und sie dienen ihnen als eine Art »Anker«, an den sie weitere Erfahrungen und neues Wissen knüpfen können. Allmählich entwickelt sich so im menschlichen Gehirn eine hierarchische Ordnung.[33] Ein Kind, das eine gute sinnliche Vorstellung von Mengen hat, kann später abstrakte mathematische Formeln daran anknüpfen.

Ebenso sehen und erleben Kinder erst einmal einzelne Tiere, bevor sie später die Oberbegriffe für die einzelnen Tierarten lernen, die sie mit ihren verinnerlichten Tierbildern verbinden und denen sie dann alle weiteren Erfahrungen zuordnen können. Kinder gehen also immer erst vom Konkreten, von ihren Erfahrungen aus. Wenn wir einem Vorschulkind erklären, »Wir gehen nächste Woche zur Oma«, dann versteht es das nicht, es ist zu abstrakt. Es wird dann fragen, wie lange das noch ist. Wenn wir hingegen sagen, »noch sechs Mal schlafen«, so kann es sich eine konkretere Vorstellung von der Zeitdauer machen.

Genauso bedarf es vieler konkreter Erfahrungen, bis Kinder verstehen, was es heißt, glücklich oder traurig zu sein, oder was Entfernungen bedeuten usw.

- Ferner sollen Materialien und Übungen für Kinder einen *Ganzheitscharakter* haben. Denn Kinder finden Details besonders

---

[33] Laut der Kognitionspsychologie lernt das menschliche Gehirn in hierarchischen Ordnungen.

interessant, wenn sie als Teil eines Ganzen dargestellt werden. Das Interesse wächst also um so mehr, je mehr sie von der Zugehörigkeit eines Details zum Ganzen wissen.

Für uns zu Hause heißt dies: Zum Anziehen gehören mehrere kleine Bewegungsabläufe wie das Schleife binden, Knöpfe schließen, Pullover richtig herum anziehen usw. All das können wir Kindern in einzelnen kleinen Schritten zeigen und sie üben lassen. Spannend wird es für sie vor allem dadurch, dass sie sich nach und nach allein anziehen können.

Zucker und Mehl werden interessant, weil sie zum Kuchenbacken gehören, und Kuchen gehört zum netten Kaffeeklatsch mit Gästen. Ebenso gewinnt Wasser für Kinder an Interesse, wenn sie Wasserkreisläufe kennen lernen. Irgendwann fragen sie, woher das Wasser kommt, und dann lernen sie mit Aufmerksamkeit Quellen, Bäche, Flüsse, Meere und Wolken kennen (s. hierzu später auch die »kosmische Erziehung«). Ebenso bietet das Taschengeld eine gute Möglichkeit, die Zusammenhänge von Geldwirtschaft zu erkunden. Und die Münzen gewinnen für Sechs- und Siebenjährige natürlich an Bedeutung, sobald sie deren Wert selbstständig nutzen dürfen.

- Eine weitere Grundanforderung ist erfüllt, wenn das *Material schön aussieht* und unbeschädigt ist. Dadurch haben die Dinge einen *Aufforderungscharakter* und laden Kinder ein, es vorsichtig zu benutzen. Beschädigtes oder kaputtes Spielzeug hingegen fesselt selten länger ihre Aufmerksamkeit.
- Oftmals sind Kinderzimmerregale so voll gestopft mit Spielzeug, dass sie schnell unordentlich und unübersichtlich werden. Wenn Kinder zudem etwas aus dem überfüllten Regal nehmen wollen, fällt ihnen der ganze Berg entgegen. Auch geraten Dinge, die unter einem Stapel anderer Sachen liegen, bei Kindern schnell in Vergessenheit. Es ist jedoch wichtig, dass die *Materialien und das Spielzeug gut sichtbar und leicht zugänglich* in den

84

Regalen aufbewahrt sind. Denn nur so können Kinder in ihren Kinderzimmern selbst für Ordnung sorgen.

- Kinder verlieren in überfüllten Räumen leicht den Überblick, deshalb ist es sinnvoll, die *Auswahl an Spielzeug* zu *begrenzen*. Ein übermäßiges Angebot, also *zu viele Reize*, beeinträchtigen die kindliche Aufmerksamkeit.

Zusätzlich *lernen Kinder* durch eine reduzierte Auswahl an Spielzeug *soziale Kompetenz*. Denn für den sozialen Umgang in Gruppen gilt, nicht nur den eigenen Impulsen zu folgen, sondern seine Interessen auch einmal hintanzustellen. Indem sich Geschwister oder FreundInnen Dinge teilen müssen und nicht alles mehrfach vorhanden ist, können sie das Warten und Teilen gut miteinander üben.

Ferner *fördert* ein kleineres Angebot an Spielzeug *auch die Fantasie von Kindern*. (In diesem Punkt gehen wir über die Montessori-Pädagogik hinaus, was im letzten Kapitel noch einmal näher angesprochen ist.) Da reichen manchmal wenige Gegenstände, um kreative Rollenspiele anzuregen: so etwa ein Stock und ein Stück Pappe, um einen starken Ritter/eine mutige Kämpferin zu spielen, deren Burg mühelos mit Decken über einer Leiter erbaut ist. Und eine Verkleidungsecke mit bunten Kleidungsstücken, Hüten und Stoffen bietet weitere Ideen.

Diese Rollenspiele sind sehr gut für die psychische Entwicklung von Kindern. Bereits kleine Kinder spielen gerne Kaufladen, König und Königin, Vater-Mutter-Kind oder alltägliche Berufe, wie Fahrkartenverkäufer, Büroangestellte usw. Auf diese Weise können sie alltägliche, emotionale Erlebnisse spielerisch noch einmal erleben und verarbeiten sowie Einblick in die verschiedenen Rollen des Lebens nehmen.

- Ein weiteres Kriterium der Montessori-Materialien ist die Möglichkeit, *selbst kontrollieren zu können, ob man es richtig gemacht hat*. In vielen Übungen sind *Erfolgs-* beziehungsweise *Fehlerkon-*

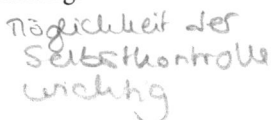

trollen bereits enthalten: Jedes Kind übt z.B. das Einschütten. Natürlich geht zu Anfang eine Menge daneben. Das Kind sieht dadurch selbst, dass es den Vorgang noch nicht richtig beherrscht, und kann daraus Motivation für einen neuen Versuch gewinnen. Also brauchen wir nur ein Tablett mit einer kinderhandlichen Karaffe, einem Glas und einem kleinen Lappen zur Verfügung zu stellen, damit ein kleines Kind seine Feinmotorik selbst schulen kann.

Wir sollten Geduld für solche Umschütt-Übungen aufbringen und bedenken, dass die schöne Tischdecke keine Flecken vom Saft oder von der Suppe bekommt, da wir ja ein Tablett untergelegt haben. Wenn wir unserem Kind die Übung langsam und ohne zu sprechen vormachen und den kleinen Tropfen, der danebenging, still mit dem Lappen wegwischen, wird es genau das Gleiche tun und bald geübt genug sein, sich selbst seinen Saft einzuschenken. So beschämen wir das Kind nicht mit unserer Kontrolle und unserem »Nein, das machst du falsch!«.[34] Alle Kinder schütten gerne etwas von einem Gefäß in ein anderes, was ihre feinen Bewegungen für viele Aufgaben des Lebens schult und sie auf Dauer wieder ein wenig unabhängiger von uns Erwachsenen macht.

Wenn die Materialien und Übungen eine eigene Fehlerkontrolle enthalten, dann lernen Kinder stärker, sich selber zu motivieren. Das heißt, sie machen die Dinge dann nicht uns

[34] Leider sagen wir Erwachsenen häufig zu unseren Kindern: »Nein, das machst du falsch, du musst das anders machen!«. Damit entsteht bei manchen Kindern jedoch das Gefühl, »alles« falsch zu machen oder insgesamt »falsch« zu sein. Aber Kinder machen es ja nur so, wie sie es zu dem Zeitpunkt können. Und wenn sie etwas noch nicht können, sollten sie ausreichend Zeit und Möglichkeit haben, es zu üben, ohne dafür abgewertet zu werden.

zuliebe, sondern aus eigener Motivation heraus. In der Wissenschaft gilt diese Art der »intrinsischen Motivation« als besonders fördernd.

Eine weitere Übung, die Vorschulkinder gerne machen, ist das Paare bilden. Solche Paare können durch zwei gleiche Farbpunkte unter den jeweils gleichen Gegenständen gekennzeichnet werden. Wenn ein Kind die gleichen Stoffpaare oder die gleich klingenden Geräusche herausgefunden hat, kann es mit den Farbpunkten selbst kontrollieren, ob es die richtigen Paare gebildet hat.

Allgemein können wir festhalten: Die Materialien und Übungen in der Montessori-Pädagogik werden nicht beliebig verwendet, sondern das Lernen vollzieht sich im Austausch zwischen dem Kind, einem Gegenstand beziehungsweise Material und der vorbereiteten Umgebung. Die Erwachsenen sind allerdings nur ein Teil dieser vorbereiteten Umgebung. Das Lernen geschieht hauptsächlich während eines geeigneten Zeitpunktes, in dem das Kind Interesse für ein bestimmtes Material/eine bestimmte Übung zeigt.

Einführung in Übungen und Materialien

Nachdem wir erläutert haben, welche Anforderungen die Montessori-Pädagogik an die Umgebung, das Spielzeug bzw. die Materialien und die Übungen von Kindern stellt, lassen Sie uns im Folgenden sehen, *wie* wir Kindern Übungen darbieten können und was grundsätzlich im Umgang mit Kindern wichtig ist. Denn es reicht nicht aus, Kindern diese Dinge vorzusetzen. Wir sollten ihnen vielmehr zeigen, wie sie damit umgehen können, wie diese Spiele und Übungen funktionieren.

Die wichtigen Kriterien der Montessori-Pädagogik ergänze ich durch einige Sprachtechniken aus der »Familienkonferenz« von

Thomas Gordon, da sie eine sinnvolle Ergänzung und zum Teil auch sinnvolle Konkretisierung der Montessori-Praktiken darstellen.

- Damit Kinder sich ganz auf eine Sache konzentrieren können und durch äußere Ordnung auch zu innerer Ordnung gelangen, müssen *ablenkende Dinge weggeräumt* werden. Das heißt, wir holen die notwendigen Gegenstände auf unsere sonst leere Arbeitsfläche und bringen sie, wenn wir fertig sind, wieder ordentlich an ihren Platz zurück. Damit machen wir den Kindern gleichzeitig vor, dass zu einer Übung, einer »Arbeit«, auch das Herrichten des Arbeitsplatzes sowie das Aufräumen gehören.

  Das Problem Aufräumen wird dadurch allerdings auch nicht gelöst. Wenn doch wieder mal das unvermeidliche Chaos im Kinderzimmer ausgebrochen ist, helfen wir unseren Kindern am besten, indem wir ihnen überschaubare, kleine Aufräumarbeiten geben, z.B. alle Legos wieder in die braune Kiste zu räumen. Je kleiner Kinder sind, desto weniger können sie überblicken, wo was von den vielen herumliegenden Dingen hingehört.

- Ganz besonders wichtig ist, dass wir Kindern *Zeit lassen* für das, womit sie sich gerade konzentriert beschäftigen. Wenn z.B. ein dreijähriges Kind gerade eine lange Autoschlange mit seinen Spielzeugautos legt, sie nach Farbe oder Größe aufreiht, dann übt es entsprechend seiner sensiblen Phase »Ordnungen«. Hier sollten wir dem Kind die Zeit lassen, die es braucht, und nicht eingreifen. Vermutlich wiederholt es immer wieder diese Übung. Vielleicht beginnt es danach, ausgiebig zu malen.

  Alle kleinen Kinder malen gerne, und Erfahrungen zeigen, dass Kinder, die keine Materialien zum Malen haben, Wände oder Möbelstücke bemalen. Auch wenn wir das Bild unseres kleinen Kindes nicht schön finden, so sollten wir ihm doch Zeit für seine Striche und Kreise lassen. Damit schult es nicht nur seine Feinmotorik, sondern vieles mehr, etwa seine kreative Ausdrucksfähigkeit. Alle kleinen Kinder malen Häuser anfangs wie eine krumme Halbkugel, aus der sich dann nach und nach das Quadrat und das Dreieck für das Dach entwickeln.

Insgesamt lädt uns die Montessori-Pädagogik ein, unseren Kindern Zeit zu lassen: Um mal traurig und mal fröhlich zu sein, mal frech und mal freundlich, um im Dreck zu spielen, um Fehler zu machen und zu üben, auszuprobieren, um im Rechnen oder Schreiben mal schlecht zu sein, um anders zu sein als die anderen, kurz: um zu wachsen.

Vielleicht entdecken wir Erwachsenen durch dieses Zeitlassen die Muße wieder, die uns in unserer verplanten Zeit oftmals abhanden kommt.

· Dabei ist es wichtig, dass *ein Kind selbst den Zeitpunkt wählen kann*, zu dem es eine Übung macht, *und darüber hinaus sein eigenes Lerntempo bestimmen kann*. Wir Erwachsenen müssen Kinder nicht zum Lernen zwingen, denn jedes Kind ist lernwillig. Die Art des Lernens ist allerdings bei jedem Kind unterschiedlich. Die einen beobachten mehr und machen es dann nach, die anderen probieren es lieber selbst aus, um zu erfahren, wie es geht.

· Ferner sollten wir *die einzelnen Schritte eines gesamten Bewegungsablaufs langsam und der Reihe nach vormachen*. Das fällt uns Erwachsenen natürlich nicht immer leicht, da wir viele Bewegungsabläufe bereits so verinnerlicht haben, dass wir sie unbewusst machen und ihre einzelnen kleinen Schritte nicht mehr differenzieren. Ein gutes Beispiel ist das Schleifebinden. Wenn wir diesen Vorgang in einzelne Schritte zerlegen, bemerken wir, dass wir zuerst die Schnürsenkelenden jeweils in eine Hand nehmen, sie dann übereinander kreuzen, um einen einfachen Knoten zu machen, um daraufhin mit dem einen Ende eine Schlaufe zu fassen usw. Für ein drei- bis vierjähriges Kind genügt es zu Beginn, die Bewegungen für den einfachen Knoten zu sehen und zu üben.

Wir können das Knotenüben sogar noch vereinfachen, indem wir zwei verschiedenfarbige Bändel an einen Rahmen mit zwei Stoffstücken nähen, so dass das Kind sehen kann, wie die Bändel beim Knoten und später beim Schleifebinden die Seiten wechseln.

- Es wird heute in der Erziehung zu viel und oftmals zu ungenau geredet. Weil wir unsere Kinder ernst nehmen, meinen wir, ihnen unsere Entscheidungen und unser Verhalten jedes Mal erklären zu müssen. Doch es gibt Situationen, in denen wir Nein gesagt oder bereits eine Entscheidung getroffen haben, bei der das Kind nicht weiter mitdiskutieren kann. Wenn wir diese Entscheidung jedoch lange erklären, wittern Kinder die Chance, die Sache noch einmal zu diskutieren und uns vielleicht umzustimmen. Auf einmal wird die Situation unklarer, als wir es wollten.

Solche uneindeutigen Gesprächssituationen entstehen manchmal auch, wenn wir etwas anderes sagen, als wir meinen oder fühlen. Vielleicht sagen wir etwas freundlich, während unsere Körperhaltung und unsere Mimik Anspannung und Verärgerung ausdrücken. Oder wir fragen unser Kind etwas, wollen aber in Wirklichkeit keine Antwort, sondern einen Auftrag erteilen, den das Kind befolgen soll. Unsere Kommunikation verläuft auf mehreren Kanälen, das heißt, wir sprechen nicht nur mit unseren Worten. Vor allem Kinder nehmen diese verschiedenen Ausdrucksformen wahr, indem sie aufmerksam auf unsere Körperhaltung, unsere Gestik und Mimik, unseren Tonfall achten. Und sie beobachten viel genauer, weil sie die Welt der Worte noch nicht richtig beherrschen.

Um Missverständnisse zu vermeiden und erfolgreiche Mitteilungen zu senden, hier verschiedene Vorschläge für eine wirkungsvolle Kommunikation in der Familie.

Wenige Worte machen

Während einer Handlung wirken zu viele Worte ebenso ablenkend wie überflüssige Gegenstände. Deshalb besagt eine weitere wichtige Anregung aus der Montessori-Pädagogik, dass wir wenig oder besser gar nicht sprechen sollten, wenn wir Kindern etwas zeigen. Stattdessen sollten wir alles ohne Worte und gut sichtbar vormachen. Worte lenken kleine Kinder beim Beobachten nur ab.

Kinder lernen in den ersten drei Jahren über 80 Prozent durch das Sehen und durch Nachahmung. Das Benennen von Dingen und Abläufen lernen sie erst zunehmend mit dem Spracherwerb. Wenn wir ihnen also zeigen wollen, wie man sich die Hände wäscht (ebenfalls eine »Übung des täglichen Lebens« aus der Montessori-Pädagogik), sähe dies folgendermaßen aus: Wir stellen einen Hocker bereit, damit das vielleicht dreijährige Kind gut an das Waschbecken herankommt. Sein Handtuch hängt ebenfalls auf kindgerechter Höhe, und auch die kleine Seife ist gut erreichbar. Dann stellen wir uns so hin, dass das Kind unsere Bewegungen gut sehen kann, und machen die vielen kleinen Bewegungen des Händewaschens sehr langsam, sorgfältig, sogar übertrieben deutlich vor. Das Kind wird diese Übung ganz selbstverständlich genau so nachmachen, wie wir sie ihm gezeigt haben.

Wir müssen diesen Vorgang nicht mit Worten begleiten und sagen: »Zuerst drehe ich den Wasserhahn auf, dann mache ich meine Hände nass.« Denn dadurch beginnt ein Kind, auf die Bezeichnungen zu hören und es wird nicht mehr genau auf die Bewegungsabläufe schauen.

Oder stellen Sie sich vor, Sie sollten einem kleinen Kind den Bewegungsablauf des Schuhe-Zubindens mit Worten erklären. Keine einfache Sache für uns. Wie schwer verständlich muss dies dann für ein Kind sein, das die Sprache noch nicht so gut beherrscht?

Eine einfache, verständliche Sprache wählen

Wenn wir sprechen, dann mit einfachen, verständlichen Worten, damit Kinder uns verstehen. Also keine komplizierten Fremdwörter und keine abstrakten Begriffe benutzen. Diese Zeiten des Miteinander-Sprechens sind trotz der Anmerkung, dass in der Erziehung zu viel gesprochen wird, besonders wichtig. Denn erst durch die Worte der Eltern und anderer Bezugspersonen lernt ein Kleinkind die Muttersprache.

Eindeutige Begriffe verwenden

Eine Geldbörse ist eine Geldbörse und nicht einmal ein Portemonnaie und dann wieder eine Geldbörse. Oder eine Jacke ist zunächst einmal eine Jacke und nicht abwechselnd ein Anorak und ein Jackett. Es hilft kleinen Kindern, Wörter eindeutig Gegenständen zuordnen zu können und somit die Bedeutungen der Wörter zu erlernen. Ebenso ist ein Teller ein Teller und kein Tellerchen. Solche Verniedlichungen können ebenfalls zu Verunsicherungen beim Spracherwerb führen.

Eindeutige Fragen stellen

Auch unsere Fragen sollten eindeutig sein. Vor allem Vorschulkinder sind schnell irritiert, wenn wir mehrere Fragen auf einmal stellen, dabei vielleicht noch den Tisch abräumen und das Kind nicht anschauen: »Willst du dein Brot noch aufessen, bevor wir losgehen, und warst du schon auf der Toilette?« Wie schnell ist da ein Kind ohne Antwort im Kinderzimmer verschwunden. Oder wie antwortet ein kleines Kind auf die Frage: »Willst du Wurst oder

Käse?« Meistens folgt hierauf ein Ja, und wir wissen immer noch nicht, was es nun will. Eine eindeutige Antwort erhalten wir am sichersten, wenn wir jede Frage einzeln stellen und dabei Blickkontakt mit dem Kind haben. Also zuerst fragen: »Willst du Wurst auf dein Pausebrot?« Verneint das Kind, können wir nun nach dem Käsebrot fragen.

Klare Aufträge erteilen

Ebenso sollten unsere Aufträge klar und eindeutig sein. Wenn wir wollen, dass ein Kind (oder eine andere Person) etwas macht, dann sollten wir es auch deutlich sagen und nicht mit einer Frage eine Entscheidungsmöglichkeit vortäuschen. Also nicht fragen: »Kannst du bitte Zähne putzen kommen?« oder »Räumst du bitte deine Schuhe weg?« Wenn wir wollen, dass das Kind den Auftrag direkt ausführt, dann ist es viel eindeutiger, wenn wir sagen: »Bitte komm Zähne putzen!« oder »Bitte räume deine Schuhe ins Regal.« oder »Ich möchte, dass du jetzt kommst, wir gehen gleich los!« usw.

Ebenso ist es hilfreich, wenn wir unseren Kindern deutlich sagen, was wir nicht wollen. Ein Kind gewöhnt sich schnell daran, mit im Ehebett zu schlafen, und irgendeine Gutmütigkeit in uns findet jeden Abend Gründe dafür, dass wir das Kind gewähren lassen sollten. Doch spätestens wenn die Eheprobleme wachsen, weil wir als Ehepaar nicht einmal nachts etwas Ruhe zu zweit haben, dann wird es wichtig, dem Kind eindeutig und ohne weitere Diskussion mitzuteilen, dass wir seine nächtlichen Besuche nicht mehr wollen.

Kinder haben sogar ein Recht darauf, solche Grenzen gesetzt zu bekommen. Vielleicht müssen wir dieses »Ich will nicht, dass du in unserem Bett schläfst« noch ein paar Abende wiederholen, aber wir können auf die Robustheit unseres Kindes vertrauen. Im Gegenteil, mit solchen eindeutigen Aussagen verhelfen wir dem Kind zu mehr Unabhängigkeit.

Freundlich und leise sprechen

Wenn es darum geht, Kindern etwas zu erklären, sollten wir uns immer wieder daran erinnern, freundlich und leise mit ihnen zu sprechen. Manchmal tut sogar eine humorvolle Äußerung gut, besonders in angespannten Situationen. Wir übersehen manchmal, wie wichtig das Lachen und der Humor für menschliche Beziehungen sind, denn diese schaffen einen positiven Kontakt.[35]

Langsam und klar sprechen

Ferner erinnert uns die Montessori-Pädagogik daran, wie wichtig es vor allem für kleinere Kinder ist, dass unsere Aussprache deutlich, klar und langsam ist.

Die Drei-Stufen-Lektion

Damit Kinder wichtige Begriffe gut erlernen, wendet die Montessori-Methode die so genannte »Drei-Stufen-Lektion« an, die auch Eltern gelegentlich in der Spracherziehung anwenden können. Ein Beispiel soll sie erläutern: Es dauert einige Zeit, bis kleine

---

[35] Laut einer Schülerbefragung wünschen sich Schüler und Schülerinnen von den Lehrenden an erster Stelle Humor. Gerechtigkeit ist ein weiterer wichtiger Aspekt, der gewünscht wird.

Kinder (Zwei- bis Dreijährige) die verschiedenen Farbnamen zuordnen können. Am einfachsten ist es für sie, wenn wir ihnen anfangs nur drei Farbtäfelchen (auch Bauklötze oder Legosteine) anbieten, ein rotes, ein gelbes und ein blaues. Jedes einzelne Täfelchen/Klötzchen wird nun hochgehoben und gleichzeitig wird gesagt: »*Das ist* rot.« So wird jedes Täfelchen deutlich benannt. Im zweiten Schritt lässt man das Kind aktiv werden, indem man es auffordert: »*Gib mir das* rote Täfelchen.« Dies praktizieren wir so lange, bis wir sehen, dass das Kind das jeweils richtige Farbtäfelchen erkennen kann. Um herauszufinden, ob das Kind nun auch die Farbnamen verinnerlicht hat, heben wir als dritten Schritt jeweils ein Farbtäfelchen hoch und fragen: »*Was ist das?*« Wenn das Kind jetzt die Farbnamen selbstständig benennt, dann hat es sie wirklich erlernt.

Diese drei Schritte sind sinnvoll, um Begriffe zu erlernen:

1. Das Wort hören, während der entsprechende Gegenstand zu sehen ist.
2. Das neue Wort selbstständig dem Gegenstand zuordnen, während das Wort wieder zu hören ist.
3. Sich an das Wort für den jeweiligen Gegenstand selbstständig erinnern.

Die Drei-Stufen-Lektion zeigt uns, wie schwierig der Spracherwerb für Kinder ist. Sie benötigen viel Zeit, müssen aufmerksam zuhören und gleichzeitig genau hinschauen, bis sie einen Begriff einem Gegenstand zuordnen können. Eine lange und schwierige Aufgabe, für die wir Erwachsenen allerdings viel, viel länger bräuchten. Uns fällt es viel schwerer, eine Fremdsprache zu erlernen. Also sollten wir unseren Kindern respektvolle Unterstützung bieten.

Manchmal ist uns gar nicht klar, was Vorschulkinder eigentlich leisten. Das folgende Beispiel zeigt uns, wie schnell wir im Alltag unsere Kinder sprachlich überfordern: Als ich meine zweijährige Tochter bat, mir das Tablett vom Tisch zu bringen, tat sie dies auch nach mehrmaliger Aufforderung nicht. Verärgert fragte ich, warum sie es mir nicht bringe. Sie fing an zu weinen und erst als sie Hilfe suchend fragte:»Was Mama?«, verstand ich, dass sie noch nicht wusste, was ein Tablett ist.

Ich-Botschaften und die Sprache der Annahme

Neben diesen konkreten Vorschlägen für das Sprechen mit Kindern gibt es mittlerweile neue Erkenntnisse aus der noch jungen Kommunikationswissenschaft. Hier werden Gesprächstechniken, ihre Wirkungen und Möglichkeiten detailliert erforscht. Firmen, Organisationen, Werbung, Politik und Verkaufstrainings realisieren diese Erkenntnisse bereits erfolgreich. Doch in die Familien zieht dieses Wissen über Kommunikation erst sehr langsam ein.

Einer, der sinnvolle Techniken für eine verbesserte Kommunikation in Familien anbietet, ist Thomas Gordon mit seiner Idee der »Familienkonferenz«. Sie zeigt konkrete Gesprächstechniken, die gut zu dem Montessori-Konzept passen. Denn Thomas Gordon formuliert Grundsätze für die Kommunikation in der Familie, in der die Kinder – ebenso wie in der Montessori-Pädagogik – als eigenverantwortliche Mitglieder ernst genommen und respektiert werden. Und dies nicht nur auf Übungen bezogen, sondern grundsätzlich durch den gesamten Gesprächsstil.[36] Besonders interessant ist der Vorschlag Gordons, dass es in Diskussionen, bei Konflikten

---

[36] Thomas Gordon bietet dieses Kommunikationsmodell auch für andere Gruppen an, etwa dem LehrerInnenkollegium oder innerhalb eines Managements.

und in Gesprächen keine Gewinner und Verlierer geben muss. Das heißt, nicht eine Person gibt den Ton an, sondern alle sagen ihre Meinung und suchen gemeinsam nach einem Konsens, einer Lösung, die für alle Beteiligten annehmbar ist.

Wie wir bereits bei dem Menschenbild von Maria Montessori gesehen haben, wissen schon kleine Kinder ganz gut, was sie brauchen und wollen. In diesem Sinne schlägt auch Gordon vor, selbst kleine Kinder in die familiären Gespräche und Entscheidungen mit einzubeziehen. Dabei ist es für jeden Einzelnen wichtig, genau zu wissen, was er will, und dies als Standpunkt im Gespräch zu zeigen. Wenn alle ihren Standpunkt und ihre Vorschläge deutlich gemacht haben, dann erst ist die Suche nach einem Konsens, einer Lösung, möglich. Manchmal braucht so etwas mehr Zeit, z.B. wenn in der Familienrunde gemeinsam beschlossen werden soll, wohin der nächste Urlaub geht. Nach einer Einigung sind vermutlich alle zufrieden und fühlen sich respektiert. Niemand hat seinen Willen gegenüber den anderen durchgesetzt. Doch solch ein positives Gesprächsverhalten muss erst eingeübt werden. Welche Techniken schlägt uns Thomas Gordon hierfür vor?

Im Umgang mit unseren Kindern, im Gespräch mit ihnen drücken wir nicht nur einen Inhalt aus, sondern wir verdeutlichen gleichzeitig unsere Beziehung zu ihnen.[37] Wenn uns unser Kind z.B. erzählt, es könne seine Erzieherin nicht leiden, und wir entgegnen, die sei aber doch so nett, dann haben wir nicht das ernst genommen, was das Kind sagt, sondern stellen unser Urteil über das Empfinden des Kindes. Damit ist eine hierarchische Beziehung

[37] Der Kommunikationswissenschaftler Paul Watzlawick differenziert sehr überzeugend die Inhalts- und die Beziehungsebene der Kommunikation und sagt sogar, dass der Mensch in einer Beziehung nicht nicht kommunizieren kann. Man drückt also auch dann etwas aus, wenn man nicht kommuniziert. Zum Beispiel: »Ich will nichts mit dir zu tun haben.«

ausgedrückt, obwohl wir vielleicht die Absicht hatten, ein partnerschaftliches Verhältnis zum Kind aufzubauen. Oder wir geben dem Kind eine Begründung, nämlich dass es ja auch manchmal sehr wild sei und damit womöglich die Erzieherin reize. Besser verstanden fühlt sich das Kind, wenn wir nur mit »Aha« reagieren oder einfach wiederholen: »Ich höre, du magst deine Erzieherin nicht.«

Thomas Gordon unterscheidet in der Kommunikation zwischen der »*Sprache ohne Annahme*« und der »*Sprache der Annahme*«. Wenn wir eine »Sprache ohne Annahme« benutzen, fühlen sich Kinder leicht zurückgewiesen und verschließen sich zunehmend ihrer Umwelt. Die »Sprache der Annahme« hingegen lässt Kinder frei werden von den Urteilen anderer, sie fühlen sich geliebt und stark, um sich zu dem weiterzuentwickeln, zu dem sie befähigt sind.[38]

Selbst wenn wir unseren Kindern gegenüber Annahme empfinden, wissen wir diese doch nicht immer auszudrücken. Das aber können wir in konkreten Schritten üben. Wie also können wir Annahme zeigen?

- Durch Gesten, Körperhaltung, Gesichtsausdruck usw. können wir *unsere Annahme wortlos übermitteln*. Wenn wir Kindern die erhobene Handfläche zeigen, dann senden wir eine Botschaft der Nicht-Annahme: »Geh fort« oder »Komm nicht näher«. Winken wir dem Kind aber zu, indem wir die Handfläche zu uns wenden, drückt dies Annahme aus: »Komm näher« oder »Ich möchte dich bei mir haben«.

---

[38] Gordon beruft sich dabei auf die Forschung und klinische Erfahrung der Psychologie, die die Sprache der Annahme als eines der wichtigsten Elemente menschlicher Beziehung herausgearbeitet hat. Thomas Gordon: Familienkonferenz. Reinbek 1984, S. 38.

- *Sich nicht einzumischen ist ein Zeichen der Annahme.* Etwa indem wir das Kind nicht stören, während es mit etwas beschäftigt ist. Dadurch drücken wir unsere Akzeptanz aus und zeigen zugleich, dass wir ihm viel zutrauen – wir gestehen unserem Kind ein individuelles Dasein zu.[39] Mischen wir uns jedoch ein, wenn ein Kind z.B. gerade einen Turm aus seinen Bauklötzen baut, übermitteln wir unausgesprochen die Botschaft der Nicht-Annahme. Wir kontrollieren und dringen in die Privatsphäre des Kindes ein. Wir stören. Auf einmal bekommen die Kinder Angst, einen Fehler zu machen, und das Gefühl, es anders machen zu müssen. Es wachsen Gefühle der Unsicherheit.

- *Das passive Zuhören als Zeichen der Annahme* bedeutet, ein Kind nicht zu unterbrechen, wenn es etwas erzählt oder berichtet, sondern schweigend zuzuhören. Lediglich ein »Aha« oder »Hm« oder »Oh« sind manchmal nötig, um unser aufmerksames Zuhören zu zeigen. Solche zustimmenden Laute wirken in allen Gesprächen positiv. Sie sind eine wirksame und konstruktive Erwiderung auf kindliche Empfindungs- oder Problembotschaften.

- Neben »Aha« ermuntern Äußerungen wie »Interessant«, »Tatsächlich«, »Ich möchte gerne etwas darüber hören«, »Schieß los, ich höre«, »Wirklich?«, »Das scheint dir sehr wichtig zu sein« Kinder zum Sprechen. Alle diese »*Türöffner*« drücken ebenfalls Annahme aus, indirekt sagen sie »Du interessierst mich«, »Ich achte dich und möchte deine Meinung hören«.

- Damit die »Türen« auch offen bleiben, sollten wir *aktiv zuhören*, denn so stellen wir Eltern eine positive Beziehung zu unseren

---

[39] Vgl. den Grundsatz in der Montessori-Pädagogik, Kindern Zeit zu lassen und nicht einzugreifen.

Kindern her. Das funktioniert, indem die Zuhörerin keine eigenen Botschaften sendet – keinen Rat, keine eigene Meinung, keine Analyse oder Frage –, sondern lediglich wiederholt, was das Kind gesagt hat. Das Kind sagt z.B.: »Mensch, in diesem Jahr habe ich eine total blöde Lehrerin. Ich mag sie gar nicht.« Die Antwort einer aktiven Zuhörerin darauf könnte lauten: »Das klingt, als ob du richtig enttäuscht von deiner Lehrerin bist.« Das Kind sagt daraufhin vielleicht: »Das bin ich aber wirklich.« Auf diese Weise bieten wir die Möglichkeit weiterzusprechen und bei den eigenen Empfindungen und Meinungen zu bleiben, eventuell eigene Lösungen für Probleme zu suchen und zu finden.

Solche Redewendungen und Reaktionen gegenüber kindlichen Äußerungen stellen keine einfache Technik dar und fordern von uns Eltern, die eigenen Gedanken und Empfindungen erst einmal zurückzuhalten, um die Botschaft des Kindes zu hören.

• Neben dem positiven Zuhören erläutert Gordon ferner, wie wir sprechen sollten, damit Kinder auch uns zuhören. In vielen Familien hören nämlich Kinder ihren Eltern nicht richtig zu. Damit dies nicht zum Problem wird und die Worte und Bedürfnisse der Eltern auch richtig ankommen, bedarf es ebenfalls sinnvoller Sprachtechniken. So ärgern wir uns beispielsweise darüber, dass unser Kind sein Spielzeug im Wohnzimmer liegen lässt oder ein Gespräch zwischen den Eltern stört oder mit dem guten Porzellan spielt. Es gibt verschiedene Möglichkeiten, unserem Ärger Ausdruck zu verleihen und das Kind zu veranlassen, sein Spielzeug wegzuräumen, nicht zu stören, sein Verhalten so zu ändern, damit auch wir uns damit wohl fühlen.

Thomas Gordon beschreibt zunächst einige ineffektive Arten, mit denen wir Eltern oftmals das kindliche Verhalten modifizieren wollen: Wir ordnen an, befehlen, warnen, kommandieren: »Hör auf damit, sonst ...« Oder wir moralisieren:

»Das ist nicht schön, was du da machst.« Oder wir geben Ratschläge: »Warum gehst du nicht ins Kinderzimmer spielen?« Oder wir setzen das Kind herab durch Beschimpfungen (»Du freches Kind!«) oder sonstige Urteile und Interpretationen (»Du bringst mich noch ins Grab!« oder »Du willst mal wieder Aufmerksamkeit erregen!«). In der Regel ruft dies bei Kindern Gegenwehr hervor, denn solche Aussagen zerstören auf Dauer ihre Selbstachtung. Trotz allem müssen wir Eltern die Möglichkeit haben, unsere Grenzen mitzuteilen, und wir können auch verlangen, dass Kinder darauf Rücksicht nehmen und uns nicht tyrannisieren.

Hierfür schlägt Gordon eine effektive Sprachform vor, die er als *»Ich-Botschaft«* bezeichnet. Die ineffektiven Botschaften beginnen fast alle mit »Du«, die effektivere Form jedoch mit einem »Ich«. Denn dadurch drücken wir deutlich aus, was uns stört und wer gerade das Problem hat. Wir lassen dem Gegenüber darüber hinaus die Möglichkeit für Veränderungen. Besser als zu sagen »Du hörst sofort damit auf!« ist nach Gordon: »Ich kann nicht kochen, wenn jemand vor dem Herd spielt« oder »Ich kann nicht ausruhen, wenn mir jemand auf den Schoß krabbelt« oder »Ich habe Angst, wenn du da herumturnst« usw.

Es bedarf eines gewissen Mutes, in einer Beziehung Ich-Botschaften auszusenden. Man braucht eine gute Portion Selbsterkenntnis und -bewusstsein, um seine eigenen Empfindungen und Bedürfnisse in dieser Form anderen mitzuteilen. Durch Ich-Botschaften können uns unsere Kinder jedoch kennen lernen, und wir ermutigen sie, auch sie selbst zu sein. Kinder ahmen ja unseren Sprachstil nach.

Zur Verdeutlichung noch einige Beispiele von Thomas Gordon: Die Mutter möchte gerne Zeitung lesen, aber ihr Kind klettert fortwährend auf ihren Schoß. Die Du-Botschaft würde lauten: »Du störst mich« oder »Du ärgerst mich« oder »Du sollst das lassen«. Eine Ich-Botschaft wäre: »Ich kann nicht die Zeitung lesen und gleichzeitig mit dir schmusen. Ich werde ganz ärgerlich, wenn ich die Zeitung nicht in Ruhe lesen kann.«

Im zweiten Beispiel kommt das Kind mit sehr schmutzigen Händen zum Essen an den Tisch. In einer Du-Botschaft würde der Vater sagen: »Du bist doch kein Baby mehr und weißt, dass wir vor dem Essen immer die Hände waschen. Los, wasche sie dir sofort!« In einer Ich-Botschaft würde der Vater sagen: »Ich kann mein Essen nicht genießen, wenn ich diesen Dreck sehe, davon vergeht mir der Appetit.« Damit diese Art von Botschaft jedoch nicht zu elterlichem moralisierendem Druck wird, muss für alle das gleiche Recht gelten: Jedes Familienmitglied darf solche Ich-Botschaften äußern, und alle nehmen darauf Rücksicht. Also auch ein Kind dürfte sagen: »Mir vergeht der Appetit, wenn ...«

Oder die Mutter will das Kind zum Abschied küssen, doch das Kind wendet sich einfach ab. Die ehrliche Bitte lautet hier: »Ich brauche noch einen Abschiedskuss von dir.«

Es gibt viele Ich-Botschaften sowie positive Redewendungen der Annahme. Bei den Ängsten und Sorgen unserer Kinder sollten wir annehmend zuhören. Dabei ist es gut, ihnen Mut zuzusprechen, z.B. wenn Kinder Angst haben, alleine einzuschlafen, oder wenn der erste Schultag bevorsteht. Es geht ja oftmals darum, unseren Kindern etwas zuzutrauen und ihnen zu helfen, selbst zurechtzukommen (und nicht darum, ihnen die Schwierigkeiten und Herausforderungen aus dem Weg zu räumen). Unterstützend wirkt der vielfältig einsetzbare Satz: »Ich weiß, dass du es schaffst.«

Einige Materialien und Übungen für zu Hause

Die nachstehenden Materialien und Übungen stammen zum Teil aus dem Repertoire der Montessori-Materialien und sind zum Teil aus den Grundideen dieser Materialien abgeleitet. Sie lassen sich problemlos zu Hause anwenden. Vielleicht rufen sie bei uns auch neue Ideen hervor, die wir mit und für unsere Kinder entwickeln.

Von den Sinnesmaterialien und Übungen des täglichen Lebens lassen sich einige Materialien und Übungen, vor allem für Vorschulkinder, leicht zu Hause anfertigen, erweitern und anwenden. Hier einige Beispiele, bei denen Sie auch die zuvor beschriebenen Grundanforderungen wieder finden. Sie alle laden Kinder zu konzentrierter »Arbeit« ein:

Die *Sinnesmaterialien* fördern alle menschlichen Sinne durch konkrete Erfahrungen, z.B. schulen Geräuschdosen die Verfeinerung und Differenzierung des Gehörs, Geruchsdosen schulen den Geruchssinn, und das Ertasten von unterschiedlichen Stofflappen ermöglicht taktile Unterscheidungen.

Bereits Aristoteles schrieb, dass nichts in den menschlichen Geist dringt, was nicht vorher in den Sinnen war. Diese ersten sinnlichen Erfahrungen von Kindern fördern also ihre weitere geistige Entwicklung. Das Greifen führt zum Be-greifen. So erfahren auch Säuglinge ihre Umwelt bereits mit ihren Sinnen, zuerst mit dem Mund als ihrem ersten feinen Sinnesorgan. Sie lernen, indem sie alles in den Mund stecken.

Wenn ein Kind die Gelegenheit bekommt, Gegenstände mit seinen Sinnen zu erfahren, indem seine verschiedenen Sinne isoliert angesprochen werden, kann es durch diese differenzierten Erfahrungen zunehmend zu differenzierten Abstraktionen gelangen. Und es lernt dadurch, seine Umwelt vielfältiger wahrzunehmen. Denn durch die vielen sinnlichen Erfahrungen öffnen sich alle menschlichen Wahrnehmungskanäle. Wir Erwachsenen sind heutzutage vor allem auf unser Gehör und unsere Augen beschränkt. Dabei können wir nicht nur den Baum sehen, sondern wir hören auch seine Blätter im Wind rascheln, wir können ihn fühlen, riechen und schmecken. Ebenso sind unsere Mahlzeiten vielfältiger, als wir oftmals wahrnehmen.[40]

Interessant ist, dass es nach Montessori nicht nur fünf, sondern mindestens *acht menschliche Sinne* gibt:

1. Gehörsinn
2. Geruchssinn
3. Geschmackssinn
4. Gesichtssinn
5. Tastsinn
6. Wärmesinn
7. Gewichtssinn
8. Muskelsinn

Auf die so verstandene Sinnlichkeit sind auch alle ihre Materialien und Übungen abgestimmt. Sicherlich gehören hier auch die vielen Erfahrungsmöglichkeiten dazu, die Kinder in der Natur finden. Wasser, Matsch, Naturgeräusche, die Vielfalt der Natur ist ideal, um alle Sinne zu schulen.

Welche Lernangebote (die den einzelnen kindlichen Entwicklungsphasen entsprechen) können wir unseren Kindern nun zu Hause machen? Dabei soll jedoch nicht der Anspruch an Eltern erhoben werden, die eigenen Kinder wie in der Schule zu unterrichten.

---

[40] Durch das Fastfood und Fertigessen verkümmern zunehmend die Geschmacksnerven der Kinder. Und mit etwa 12 Jahren ist die Entwicklung der Geschmacksnerven abgeschlossen.

Die folgenden ausführlicheren Beschreibungen verdeutlichen noch einmal die wichtigsten Aspekte für die Materialeinführung:

- Als Rahmenbedingung müssen wir Erwachsenen genügend Zeit und Ruhe für eine Einführung haben. Hektik führt zu verminderter Konzentration.
- Nicht jedes Kind reagiert gleichermaßen interessiert auf eine Übung. Deshalb sollten einem Kind die Übungen und Materialien immer nur freundlich angeboten werden: »Soll ich dir mal die Geräuschdosen zeigen?« Denn die Übungen sind nur sinnvoll, wenn ein Kind sie freiwillig machen will.
- Wenn wir RechtshänderIn sind, sitzt das Kind bei einer Einführung am besten links von uns, und wenn wir LinkshänderIn sind, besser rechts, damit es die Übung gut sehen kann.
- Zu einer Übung gehört auch das Holen und Wegräumen. Eine Übung ist erst fertig, wenn die Materialien wieder an ihren Platz zurückgeräumt sind.
- Die Handlungen sollten möglichst ohne Worte, langsam und deutlich vorgemacht werden.
- Der Tisch oder Arbeitsplatz sollte für eine Übung immer leer sein, damit nichts anderes ablenkt.

Eine Schachtel mit verschiedenen Stofflappen

Alter: ab etwa 3 Jahren

Material: Aus Stoffresten wählen Sie fünf verschiedene Stoffe aus, die sich unterschiedlich anfühlen und die jeweils eine andere Farbe haben, z.B. roter Samt, blauer Kord, weißes Leinen, gelbe Baumwolle und schwarzes Polyester. Hieraus werden ca. 10 Zentimeter große Stoffquadrate ausgeschnitten, jeweils zwei Stück von einer Stoffart.

Einführung: Wir holen eine schöne Schachtel (oder einen Korb) aus dem Regal und stellen sie auf den ansonsten leeren Tisch. Das Kind laden wir ein, sich zu uns zu setzen, so dass es gut auf unsere Hände sehen kann. Dann legen wir alle Stofflappen auf den Tisch und sortieren sie paarweise. Anschließend werden alle Stoffe gemeinsam befühlt. Nun mischen wir die Stoffstücke und geben dem Kind eines in die Hand. Es soll den zweiten passenden Stoff ertasten und ihn dazulegen, bis alle Paare gefunden sind. Um alle Konzentration auf den Tastsinn zu lenken, kann diese Übung auch mit verbundenen Augen (mit einer Augenbinde) durchgeführt werden.

Erfolgskontrolle: Das Kind kann selbst schauen, ob die Paare jeweils die gleiche Farbe haben, und ertasten, ob sie sich gleich anfühlen.

Übungsmöglichkeiten: Wenn das Kind die Paare ertastet hat, können wir die Unterschiedlichkeit der Stoffe benennen (Drei-Stufen-Lektion): »Das ist glatt.« – »Das ist weich.« usw. Dabei fühlt man gleichzeitig das entsprechende Stoffstück. Im zweiten Schritt bitten wir das Kind: »Bitte, gib mir den glatten Stoff.« usw. Im dritten Schritt fragen wir: »Was ist das?«, und zeigen jeweils ein Stoffstück. Wenn das Kind nun sagen kann: »Das ist der glatte Stoff«, dann hat es die Lektion gelernt.

Im Anschluss daran können wir mit dem Kind erkunden, was sich ebenfalls glatt, weich usw. anfühlt (z.B. bei seiner eigenen Kleidung).

Ziele: Hiermit entwickelt und verfeinert sich der kindliche Tastsinn, und das Kind übt seine Feinmotorik. Zusätzlich wird die Auge-Hand-Koordination beim Greifen und Anschauen der Stoffe verfeinert. Durch das Bilden von Paaren und Reihen lernt das Kind Ordnungsstrukturen kennen. Und durch die Wortlektion erweitert es sein Sprachvermögen, und die Wahrnehmung seiner Umwelt wird differenzierter.

Alter: ab etwa 3 Jahren

Material: In einem Kasten befinden sich zehn Holzbrettchen (9 × 10 Zentimeter), auf die jeweils ein viereckiges Stück Sandpapier geklebt ist. Insgesamt gibt es fünf Pärchen: ein Pärchen mit sehr feinem Sandpapier, die anderen Pärchen mit in Abstufungen gröberem Sandpapier. Es sind also je fünf gleiche Paare.

Einführung: Die Tasttafeln werden nun auf dem Tisch (oder Arbeitsteppich) verteilt. Dann nehmen wir eine Tasttafel in die Hand und betasten sehr sorgfältig die Beschaffenheit des Sandpapiers. Diese Tafel legen wir separat von den anderen Tafeln hin und befühlen nun eine neue Tasttafel. Wenn wir das Sandpapier von gleicher Beschaffenheit gefunden haben, legen wir das passende Pärchen zusammen außen auf die Arbeitsfläche. So betastet man alle zehn Tafeln, bis die fünf Paare zusammenliegen. Dann laden wir das Kind ein, die Übung zu wiederholen.

Erfolgskontrolle: Durch konzentriertes Betasten können alle Paare zusammengelegt werden. Um die Zusammengehörigkeit der Paare leichter zu überprüfen, kann man die Rückseite jedes Paars mit dem jeweils gleichen Farbpunkt kennzeichnen. So kann das Kind anhand der Farbpunkte die Zusammengehörigkeit der Tafeln selbst gut erkennen.

Übungsmöglichkeiten: Wenn das Kind die Paare gefunden hat, sortieren wir den Partner eines jeden Paares heraus, so dass fünf Tasttafeln übrig bleiben. Mit diesen Täfelchen legen wir eine Reihe vom feinsten zum gröbsten, indem wir jedes Täfelchen konzentriert betasten.

Nachdem das Kind die unterschiedliche Beschaffenheit der Tasttafeln erkundet hat, können wir ihm nun die Worte rau, grob, fein und die Abstufungen feiner, fein, am feinsten usw. mithilfe der Drei-Stufen-Lektion benennen. Danach kann man gemeinsam feine und raue Dinge in der Umgebung suchen und damit die neuen Erfahrungen auf das tägliche Leben des Kindes übertragen.

Ziele: Diese Übung schult, wie das Material zuvor, den Tastsinn und fördert die Feinmotorik der kindlichen Hand. Und sie erweitert die differenzierte Wahrnehmung sowie das Sprachvermögen des Kindes.

Taststraße

Alter: ab etwa 4 Jahren

Material: Auf größere gleichformatige Felder z.B. aus festem Karton sind jeweils unterschiedliche Materialien aufgeklebt. Dies können sein: Kies, Erde, Sand, Kork, Daunen, Schaumstoff usw. Eine Heizklebepistole hilft, die Materialien auf den Feldern zu befestigen.

Einführung: Die zehn bis fünfzehn Felder werden auf dem Boden hintereinander ausgelegt. Dann geht man langsam barfuß über jedes Feld und ertastet die Materialien. Ebenso können die Felder mit verbundenen Augen mit den Händen ertastet werden. Später kann man die unterschiedlichen Materialien benennen.

Ziele: Hier werden ebenfalls taktile Sinneserfahrungen gemacht.

Fühlmemory

Eine schöne Übung für mehrere Kinder gemeinsam

Alter: ab etwa 4 Jahren

Material: Das Material besteht wie beim Memory aus verschiedenen Spielkarten mit jeweils zwei gleichen Karten. Ein Paar ist beispielsweise mit Samt beklebt, eins mit Federn usw.

Einführung: Das Fühlmemory wird wie jedes andere Memory benutzt. Nur werden den Kindern hier die Augen verbunden, und sie müssen die Paare ertasten.

Erfolgskontrolle: Wenn keine Karten mehr übrig sind, kann man schauen, ob die Paare auch alle gleich aussehen.

Ziele: Kinder schulen ihren Tastsinn und üben gleichzeitig das Verstehen und Einhalten von Spielregeln. Außerdem macht die Übung eine Menge Spaß.

Geräuschdosen

Alter: ab etwa 3 1/2 Jahren

Material: Zwölf Dosen, sechs dunkle und sechs helle (z.B. Filmdosen), werden mit sechs verschiedenen Materialien gefüllt, die beim Schütteln unterschiedliche Geräusche machen. Die dunklen und hellen Dosen werden jeweils in zwei getrennten Schachteln aufbewahrt. Immer eine helle und eine dunkle Dose sind mit demselben Material gefüllt, z.B. mit Reis, Sand, Erbsen, Nägeln, Steinchen und Stecknadeln. Auf der Unterseite dieser Paare sind jeweils gleiche Farbpunkte angebracht.

Einführung: Wenn das Kind unserer Einladung folgt, verschiedenen Geräuschen zu lauschen, dann holen wir mit ihm zusammen die zwei Schachteln aus dem Regal auf den leeren Tisch. Die hellen und dunklen Dosen werden in je einer Reihe auf den Tisch gestellt. Man nimmt nun die erste helle Dose, schüttelt sie am Ohr und hört aufmerksam zu. Wenn man seine Augen dabei schließt, wird die Aufmerksamkeit noch mehr auf das Hören gelenkt. Nun darf sich das Kind die Dose ebenfalls ans Ohr halten und sie schütteln. Anschließend stellen wir diese Dose separat auf eine Seite des Tisches und nehmen die erste Dose der dunklen Dosenreihe, um ihr Geräusch zu hören. Wenn wir dasselbe Geräusch hören, stellen wir diese Dose zu der ersten hellen. Hören wir jedoch einen anderen Klang, so stellen wir die Dose an das Ende der dunklen Dosenreihe und nehmen die nächste dunkle Dose. Ihr Klang wird ebenfalls mit dem der ersten hellen verglichen, so lange, bis alle Paare gefunden wurden. Zum Schluss überprüfen wir die Zuordnung der Paare (unsere *Erfolgskontrolle*), indem wir die Farbpunkte unter ihnen vergleichen. Nun kann das Kind die Übung wiederholen.

Übungsmöglichkeiten: Die Partnerdose wird woanders im Raum hingestellt. Das Kind hört den Klang der einen Dose, muss ihn behalten und findet nun die zweite passende Dose heraus.

Als weitere Übung können wir dem Kind die Begriffe »laut – leise« und »laut – lauter – am lautesten« bzw. »leise – leiser – am leisesten« mit der Drei-Stufen-Lektion vermitteln.

Ziele: Die Geräuschdosen fördern die Wahrnehmung und die Differenzierung von verschiedenen Geräuschen und schulen das Gehör. Ferner trainieren sie das Gedächtnis für das Hören. Und das Schütteln der Geräuschdosen bietet Übung für die Feinmotorik.

Geruchsdosen

Ähnlich wie die Geräuschdosen, aber diese Übung schult den Geruchssinn.

Alter: ab etwa 3 Jahren

Material: Wir haben sechs helle (Film-)Dosen mit verschiedenen Düften gefüllt, z.B. mit Kaffee, Zimt, Gewürznelken, Curry, Anis und Vanille. In die Deckel der Dosen sind kleine Löcher gebohrt, damit wir problemlos daran riechen können. In weiteren sechs dunklen Dosen befinden sich die Partnerdüfte. Ihre Deckel sind ebenfalls vorbereitet. Die hellen sowie die dunklen Dosen sind in zwei gut verschließbaren Schachteln aufbewahrt. Jedes Paar der Geruchsdosen ist mit einem gleichfarbigen Punkt auf der Unterseite gekennzeichnet.

Einführung: Wir stellen links auf dem Tisch die hellen und rechts die dunklen Dosen jeweils in einer Reihe auf. Nun nehmen wir eine helle Geruchsdose und riechen langsam und intensiv an ihrem Deckel. Das Kind wiederholt dieses Riechen. Dann stellen wir diese helle Dose an den linken Rand des Tisches und riechen an der ersten Dose der dunklen Reihe. Wenn diese genau so duftet wie die helle, dann stellen wir sie dazu. Sonst reihen wir sie hinten in die Reihe der dunklen Dosen ein und nehmen vorne eine neue, um wiederum an ihr zu riechen. Dies wiederholen wir so lange, bis auch hier wieder alle sechs Paare gefunden wurden. Dann laden wir das Kind ein, diese Übung zu wiederholen.

Erfolgskontrolle: Die Farbmarkierungen unter den Dosen ermöglichen dem Kind, selbst die Paare zu überprüfen.

Übungsmöglichkeiten: Mithilfe der Drei-Stufen-Lektion kann das Kind sowohl die Namen der Doseninhalte als auch die Geruchsbezeichnungen »süß«, »sauer« usw. erlernen. Um das Gedächtnis für Gerüche zu fördern, können wir einzelne Geruchsdosen im Raum verteilen, und das Kind soll mit seiner »Spürnase« die Partnerdose ausfindig machen. Diese Erfahrungen kann das Kind auch wieder auf seine tägliche Umgebung übertragen.

Ziele: Gerüche unterscheiden lernen, Paare erkennen und die Feinmotorik schulen. Durch die Wortlektionen erweitert sich auch hier das Sprachvermögen.

Tablett mit Schlössern und Schlüsseln

Alter: ab etwa 4 Jahren

Material: verschiedene Vorhängeschlösser mit jeweils einem passenden Schlüssel auf einem Tablett

Einführung: Die Schlösser und Schlüssel liegen auf dem Tablett. Als Erstes wählt man ein Schloss und probiert, einen der Schlüssel in dieses Schloss zu stecken. Wenn der Schlüssel nicht passt, legt man ihn rechts auf den Tisch neben das Tablett und probiert den nächsten Schlüssel. Wenn der zum Schloss passende Schlüssel gefunden wurde, legt man das Schloss-Schlüssel-Paar links neben das Tablett auf den Tisch und wählt ein neues Schloss, um den dazu gehörigen Schlüssel ausfindig zu machen.

Erfolgskontrolle: Wenn die Übung richtig gemacht wurde, liegen alle Schloss-Schlüssel-Paare links auf dem Tisch und kein Schloss und Schlüssel sind mehr übrig.

Übungsmöglichkeiten: Das Kind kann seine neu gewonnene Geschicklichkeit an den Schlössern in der Wohnung und an seinem Fahrradschloss anwenden.

Ziele: Diese Übung schult vor allem die Feinmotorik und lässt das Kind im Alltag wieder ein Stück unabhängiger werden.

Tablett mit Magneten

Alter: ab etwa 4 Jahren

Material: Auf einem Tablett liegen ein Magnet sowie verschiedene metallische (Nagel, Löffel usw.) und nicht-metallische Gegenstände (Stein, Feder usw.).

Einführung: Auch diese Übung können wir wie die zuvor beschriebenen entweder am Tisch oder auf einer geeigneten Stelle am Boden zeigen. Wir nehmen den Magnet in die Hand und schauen ihn uns genau an. Hier sollten wir jedoch noch auf die Bezeichnung »das ist ein Magnet« verzichten, um nicht von der Funktion abzulenken. Dann probieren wir aus, wie die einzelnen Gegenstände auf den Magnet reagieren.

Übungsmöglichkeiten: Nach dem Beobachten können wir dem Kind den Begriff »Magnet« und die Reaktionsweise der verschiedenen Gegenstände auf ihn erklären. Später kann sich das Kind auf die Suche in seiner Umgebung machen und schauen, welche Dinge ebenfalls magnetisch reagieren und welche nicht.

Ziele: Hier kann ein Kind Erfahrungen mit einem Phänomen seiner Umwelt machen, ohne dass es dabei von anderen Dingen abgelenkt wird. Dabei schult es gleichzeitig die Verbindung von Augen und Händen.

Geheimnisvoller Beutel

Alter: ab etwa 2 1/2 Jahren

Material: In einem schönen Stoffbeutel befinden sich mehrere kleine Gegenstände mit unterschiedlichen Eigenschaften wie eckig, rund, hart, weich, rau, glatt, kühl usw.

Einführung: Die/Der Erwachsene greift mit einer Hand in den geheimnisvollen Beutel und betastet intensiv einen Gegenstand darin. Dabei sagt sie/er laut: »Hm, das fühlt sich weich an, ganz leicht …, das ist wohl eine Feder.« Dabei drückt sie/er große Neugierde aus. Dann wird der Gegenstand aus dem Stoffbeutel geholt, und man schaut gemeinsam, ob man richtig geraten hat. Dies geht so lange weiter, bis das Kind ebenfalls im Beutel fühlen möchte.

Erfolgskontrolle: Nachdem das Kind einen Gegenstand befühlt und geraten hat, kann es ihn aus dem Beutel holen und nachschauen, ob es wirklich dieser Gegenstand ist.

Übungsmöglichkeiten: Wenn es dem Kind nicht unangenehm ist, kann man ihm zusätzlich die Augen verbinden, was seine Konzentration auf das Ertasten mit der Hand verstärkt.

Ziele: Das Kind macht vor allem Erfahrungen über seinen Tast- und seinen Muskelsinn, indem es durch die Bewegungen seiner Hand einen Gegenstand genau abtastet. Dabei lernt es gleichzeitig, verschiedene Gegenstände aus seiner Umgebung mit ihren unterschiedlichen Eigenschaften differenziert wahrzunehmen.

Samentablett

Alter: ab etwa 3 1/2 Jahren

Material: Auf einem Tablett sind drei kleine Schalen und eine große Schale angerichtet. In jeder der drei kleinen Schalen befindet sich eine andere Samensorte, z.B. Kürbiskerne, Bohnen und Sonnenblumenkerne. Die große Schale ist leer.

Einführung: Man holt mit dem Kind das vorbereitete Tablett aus dem Regal und stellt es auf den leeren Tisch. Dann nimmt man aus jeder Schale einige Samen heraus, legt diese in die große Schale und vermischt sie. Anschließend verbindet man sich die Augen und nimmt einen Samen aus der großen Schale. Diesen befühlt man und vergleicht ihn fühlend mit den Samen in den kleinen Schalen. Wenn man dieselbe Sorte ertastet hat, legt man ihn in die entsprechende Schale zurück. Dies setzt man so lange fort, bis alle Samen aus der großen Schale in die kleinen Schalen zurückgelegt wurden. Nun darf es das Kind versuchen.

Übungsmöglichkeiten: Anstelle von Samen sind auch andere Materialien wie beispielsweise Münzen, Knöpfe und Perlen geeignet. Und man kann dem Kind die Bezeichnungen vermitteln.

Ziele: Es sind hier die gleichen Ziele wie bei dem geheimnisvollen Beutel. Das Kind übt seinen Tast- und seinen Muskelsinn.

Geschmacksschüsseln

Alter: ab etwa 3 1/2 Jahren

Material: Auf einem schönen Tablett sind Schüsselchen mit verschiedenen Geschmackssorten angerichtet, beispielsweise Zucker für »süß«, verdünnter Essig für »sauer«. Dazu legen wir einen Löffel.

Einführung: Nachdem wir mit dem Kind das Tablett auf den leeren Tisch geholt haben, kosten wir den Inhalt einer der Schüsselchen. Wir nehmen eine kleine Menge davon vorsichtig in den Mund und bewegen sie dort ganz langsam, um sie genau zu schmecken. Vielleicht unterstreichen wir mit unserer Mimik den Geschmack. Dann benennen wir den Geschmack: »Ui, das schmeckt sauer.« So probieren wir langsam alle ausgewählten Geschmacksrichtungen durch. Ein kleineres Kind wird diese Übung gerne nachmachen.

Übungsmöglichkeiten: Es wird nochmals spannender, wenn wir diese Geschmacksproben mit verbundenen Augen machen. Hierbei zeigt sich, ob das Kind die Wörter für die Geschmacksrichtungen auch behalten hat. Danach wird es dem Kind leicht fallen, sie auch bei den Mahlzeiten zu unterscheiden.

Blau-rote Stangen

Ein Mathematik-Material, mit dem Kinder einfache erste Rechenaufgaben machen können (und ohne dass wir Eltern uns damit in eine Lehrer-Position begeben).

Alter: ab etwa 4 1/2 Jahren

Material: zehn Vierkanthölzer (2,5 × 2,5 Zentimeter). Der erste Holzstab ist 10 Zentimeter lang und rot angestrichen. Der zweite ist 20 Zentimeter lang und halb rot, halb blau angestrichen. Der längste ist 100 Zentimeter lang mit abwechselnd fünf roten und fünf blauen Abschnitten.

Einführung: Die Holzstangen werden ungeordnet auf dem Boden verteilt. Dann sucht die Erwachsene mit aufmerksamem Blick die längste Stange heraus und legt sie quer vor sich hin. Anschließend sucht sie die nächstkürzere Stange und legt sie linksbündig zur ersten Stange. So suchen wir langsam eine Stange nach der anderen heraus, bis alle zehn Stangen übereinander liegen. Zum Schluss nimmt man die kleinste Stange und überprüft die

Längenunterschiede der einzelnen Stufen in der so entstandenen »Treppe«. Jede Treppenstufe ist um das Maß der kleinen roten Stange kürzer. Wenn das Kind mag, wiederholt es die Übung.

Erfolgskontrolle: Wenn die Abstufungen der Stangen nicht stimmen, kann man dies durch das Anlegen der kleinen roten Stangen sehen.

Übungsmöglichkeiten: Eine weitere Übung ist, mit der kürzesten Stange anzufangen und alle anderen in umgedrehter Reihenfolge hinzulegen. Oder die Stangen werden mit verbundenen Augen aufgereiht.

Später kann man die Stangen mit den dazugehörigen Zahlen benennen. Man beginnt mit den ersten drei Stangen, die man vor sich hinlegt. Dann hebt man die kleine rote Stange hoch, fährt sie mit den Fingern der Länge nach ab und sagt: »Das ist die Eins.« Dann wird diese wieder hingelegt und die zweite Stange hochgehoben. Auch diese fährt man mit den Fingern ab und zählt »eins« für den roten und »zwei« für den blauen Abschnitt. Zu dieser Stange sagt man: »Das ist die Zwei.«

Im Rahmen der Drei-Stufen-Lektion bittet man in einem weiteren Schritt das Kind: »Bitte gib mir die Eins.« Usw. Wenn das Kind die richtige Stange erkennt, zeigt man zum Schluss auf eine Stange und fragt: »Was ist das?« So können allmählich alle Stangen von eins bis zehn benannt werden. Als weitere Übung kann man einzelne Stangen im Raum verteilen und das Kind z.B. bitten: »Hol mir den Zehner.«

Danach kann man erste Rechenaufgaben legen: Die Dreier- und die Zweierstange aneinander gereiht sind genauso lang wie die Fünferstange oder die Einer- und die Fünferstange genauso wie die Sechser. Auch hier ist das Wahrnehmen anfangs wichtiger als das Benennen.

Vor allem die Wahrnehmung der Längenunterschiede lässt sich später auch auf die Umgebung des Kindes ausweiten: »Wo findest du Sachen, die gleich lang sind?« Oder Dinge verschiedener Länge?

Ziele: Das Kind nimmt Ordnungsstrukturen und Serien wahr. Ebenfalls lernt es, Längen zu unterscheiden, und erfährt Relationen von Länge und Gewicht. Auch hier muss ein Kind genau beobachten, und es muss greifen, was seine Kontrolle über seine Muskelbewegungen fördert.

Gewichtsbrettchen

Alter: ab etwa 3 Jahren

Material: In einer Schachtel sind drei Paar Holzbrettchen. Jedes Paar ist aus einem anderen Holz, so dass sich jedes Paar in Gewicht und Maserung unterscheidet. (Die Bretter sollten nicht größer als eine Postkarte sein.)

Einführung: Als Erstes nehmen wir ein schweres und ein leichtes Brettchen heraus. Beide wiegen wir nun ab, indem wir uns ein Brettchen auf die linke, das andere auf die rechte Hand legen und beide Hände leicht nach oben und unten bewegen. Anschließend legen wir die beiden Brettchen dem Kind in die Hände. Danach greifen wir ein weiteres Brettchen heraus und versuchen durch das Abwiegen in der Hand das zweite passende Brettchen herauszufinden. Dieses legen wir dann zum ersten.

Erfolgskontrolle: Das Kind kann überprüfen, ob jedes Paar die gleiche Holzmaserung hat.

Ziele: Kinder schulen ihren Sinn für Gewicht und gleichzeitig ihre Feinmotorik.

Farbige Perlen

Alter: ab etwa 4 Jahren

Material: eine Schachtel, die in drei Fächer unterteilt ist. Im ersten Fach sind 30 rote Perlen, im zweiten 30 blaue und im dritten 30 gelbe Perlen (also die drei Grundfarben). In einer zweiten Schachtel befinden sich sechs längere, dünne Bänder, um die Perlen auffädeln zu können, und sechs kleine Pappkarten, auf denen in unterschiedlicher Reihenfolge sechs farbige Perlen aufgemalt sind, so dass das Kind nach diesen Beispielen die Perlen auffädeln kann.

Einführung: Nachdem man gemeinsam die Schachteln auf den Tisch geholt hat, wird eine Karte mit einer Perlenreihe ausgewählt und werden die entsprechenden Perlen darauf gelegt. Eine rote Perle auf die rote Perle der Karte usw. Diese Perlen werden nun eine nach der anderen langsam auf eines der Bänder aufgefädelt und in die Mitte des Bandes gezogen, damit sie nicht wieder herausrutschen. Ebenso werden die weiteren Perlen auf die anderen Karten gelegt und dann aufgefädelt.

Auch hier ist die Übung erst beendet, wenn alle Materialien wieder in die entsprechenden Schachteln sortiert und diese in das Regal zurückgestellt wurden.

Übungsmöglichkeiten: Nach der Einführung können Kinder selbst Farbkombinationen sortieren. Zusätzlich bietet sich das Material dazu an, die Perlen zu zählen. Und natürlich fällt es Kindern, die sechs Perlen selbst aufgefädelt haben, bald auch nicht mehr schwer, eine ganze Perlenkette sich selbst oder als schönes Geschenk herzustellen.

Ziele: Kinder üben hier, die Grundfarben zu sortieren und zu kombinieren, und gleichzeitig verbessern sie ihre Feinmotorik. Durch das Benennen der Grundfarben erweitert sich ihr Wortschatz. Ebenso können sie das Zählen üben.

Grundfarben-Mobile

Alter: ab etwa 3 $\frac{1}{2}$ Jahren

Material: An einer kleinen Holzlatte (etwa 12 Zentimeter lang) sind mit drei Rundschrauben drei runde, durchsichtige Scheiben (aus Kunststoff, Plexiglas, mindestens 10 Zentimeter Durchmesser) aufgehängt. Eine Scheibe ist rot, eine blau, eine gelb (die drei Grundfarben). Diese drei Scheiben überschneiden sich an ihren Rändern, so dass die Mischfarben grün, orange, lila und braun entstehen. Die verschiedenen Farben lassen sich am besten erkennen, wenn man dieses Farben-Mobile am Fenster aufhängt.

Dieses Material muss nicht eingeführt werden. Es sieht schön aus und bietet Kindern erste wichtige Erfahrungen mit den Grundfarben und ihrem Mischverhalten. Es kann anregen, mit Wasserfarben eigene Farbmischungen auszuprobieren und die Wörter für die Farben kennen zu lernen.

Weitere Übungsideen

Um sich mit Farben zu üben, sind auch **Dominospiele mit Farben** ein gutes Angebot für Kinder.

Zur Übung der Feinmotorik sind für Vorschulkinder **Stickkarten** gut geeignet. Diese sind postkartengroß und aus fester Pappe, auf die ein Wal oder andere einfache Formen gemalt sind. In diese Formen sind Löcher gestanzt, in die Kinder mit einem bunten Faden Nadeleinstiche machen können (Stickkarten gibt es auch zu kaufen). Daraus entstehen schöne Stickbilder, so dass bereits ein Vorschulkind mit ihnen das Nähen üben kann. Auch hier ist es wichtig, dem Kind das Einfädeln, die Nähstiche sowie das Vernähen am

Schluss in einzelnen, langsamen Schritten vorzumachen, ohne viele Worte.

Auch **Bauklötze** bieten Kindern bis in das Grundschulalter hinein viele Möglichkeiten, ihre Bewegungen zu verfeinern, gleichzeitig Formen zu bilden und Grunderfahrungen mit der Statik zu machen.

Mit einer **Waage** und Gegenständen unterschiedlichen Gewichts können Kinder über eine längere Zeit hinweg Erfahrungen mit Gewichten sammeln. Und später können wir Wörter für Gewichte (»schwer – schwerer – am schwersten« usw.) erklären.

Alle kleineren Kindern stecken gerne Gegenstände in passende Öffnungen. Um die Gefahr zu vermeiden, dass Kinder Sachen in Steckdosen stecken, stellen wir einfache **Dosen zum Hineinstecken** selbst her. Wir wählen eine schöne Schachtel mit Deckel und schneiden in den Deckel einen Schlitz, durch den große Knöpfe passen.

Manche Verlage bieten **Geräuschespiele** (Wassergeräusche oder Vogelstimmen oder Musikinstrumente usw.) an. Diese bestehen aus Fotos (von Wassergeräuschen, wie Wasserhahn, Dusche, Meeresbrandung bzw. verschiedene Vögel bzw. einzelne Musikinstrumente) sowie einer Kassette mit den Geräuschen jener Gegenstände oder Tiere, die auf den Fotos zu sehen sind. Die einzelnen Fotos können von einem Kind alleine oder in einer Kindergruppe dem jeweiligen Geräusch zugeordnet werden. Das ist eine Übung, die vor allem zu mehreren sehr viel Spaß macht.

Puzzles (vom Zoo, der Stadt, einem Lebensmittelgeschäft usw.) schulen wunderbar die motorischen Fertigkeiten und die Wahrnehmung. Gespräche darüber und gezielte Fragen fördern zusätzlich den Wortschatz und die Strukturierung der kindlichen Erfahrungen.

Mit vier, fünf Jahren üben Kinder gerne das Schreiben. Hierzu können wir ihnen in einem großen, runden Blumenuntersetzer **Sand zum Schreiben** anbieten. Wir malen ihnen einen Buchstaben mit dem richtigen Schreibverlauf vor, den die Kinder zunächst nachvollziehen sollen. Später probieren sie, ihren Buchstaben allein zu schreiben.

Selbstverständlich ist es gut, immer genügend **Malpapier und Buntstifte** bereitliegen zu haben, so dass Kinder zu jeder Zeit malen und schreiben können.

Übungen des täglichen Lebens

Die bisher beschriebenen Materialien beziehen sich stark auf die Sinne. Im Folgenden seien Ihnen noch einige Beispiele aus dem Bereich der Übungen des täglichen Lebens vorgestellt. Sie verfeinern vor allem jene kindlichen Bewegungen, die sie im Alltag brauchen. Dadurch kommt ein Kind zunehmend besser im Alltag zurecht und wird immer unabhängiger von unserer Hilfe.

Bei den Beispielen handelt es sich um alltägliche Gegenstände und Bewegungsabläufe aus dem Haushalt und der Körperpflege. Auch das Falten der Wäsche und das Bügeln sind Bewegungen, die wir bereits Vierjährigen in einzelnen kleinen Schritten langsam vormachen können. Auf diese Weise haben wir unserem Kind eine Übung des täglichen Lebens im Sinne der Montessori-Methode angeboten.

Zu den Übungen des täglichen Lebens gehören beispielsweise:
Verschlüsse auf- und zumachen
Druckknöpfe auf- und zumachen
Blumen schneiden und pflegen
Blumen gießen

bügeln
Wäsche falten
Servietten falten
Tisch decken
Schuhe putzen
Hände waschen
Zähne putzen
Reis schütten
Wasser gießen
Staub wischen
Wäsche waschen

Weiterhin eignen sich alle Gegenstände wie Kinderherd, Kinderbesen, Kinder-Kehrschaufel, kleines Bügeleisen und alle anderen Haushaltsgeräte, die der Größe eines Kindes entsprechen und die »richtig« funktionieren.

Nachfolgend seien Ihnen beispielhaft einige dieser Übungen ausführlicher vorgestellt.

Reis umschütten

Alter: ab etwa 3 Jahren

Material: Auf einem Tablett sind zwei kleinere Schüsseln und ein kleiner Löffel hergerichtet. Eine Schüssel ist mit Reis gefüllt.

Einführung: Auch hier lädt man zuerst das Kind ein: »Soll ich dir zeigen, wie man Reis umschüttet?« Wenn das Kind mag, holt man das Tablett auf den ansonsten leeren Tisch und setzt sich so hin, dass das Kind gut zusehen kann. Dann füllt man den Reis mit dem Löffel langsam und vorsichtig in die leere Schale um. Wenn ein Reiskorn daneben fällt, wird es mit dem Daumen, dem Zeige-

und dem Mittelfinger (Pinzettengriff) aufgehoben und in die zu füllende Schale gelegt.

Erfolgskontrolle: Ist kein Reiskorn danebengefallen, wurde der Reis »erfolgreich« umgeschüttet.

Ziele: Hier üben Kinder ihre Augen-Hand-Koordination und werden so auf die späteren Schreibbewegungen vorbereitet.

Wasser gießen

Alter: ab etwa 3 Jahren

Material: ein Tablett, auf dem ein kleiner Glaskrug mit gefärbtem Wasser und zwei Gläser stehen. Ein Lappen liegt daneben.

Einführung: Die Erwachsene fasst den Glaskrug am Henkel und gießt langsam das gefärbte Wasser in die beiden Gläser. Wenn ein Tropfen danebengeht, wischt man ihn mit dem Lappen sorgfältig weg.

Erfolgskontrolle: Wenn kein Wassertropfen auf das Tablett getropft ist, dann hat man es richtig gemacht.

Ziele: Wieder übt ein Kind hier seine feinen Bewegungen, die es mit den Augen kontrollieren kann. Gleichzeitig kann es erste Eindrücke von der Mengenvarianz bekommen.

In ähnlicher Weise können wir, wie zuvor bei den Übungen beschrieben, Kindern auch das Schleifebinden in kleinen Schritten wortlos vormachen und ihnen Zeit zum Ausprobieren lassen. Der **Schleifenrahmen** der Montessori-Methode vereinfacht diese Übung, indem er ein helles und ein dunkles Schleifenband hat. Dadurch kann ein Kind deutlich erkennen, wie die Schleifenbänder beim Binden die Seite wechseln.

Ebenso können wir kleinere Kinder in die **Blumenpflege,** das **Schuheputzen,** das **Händewaschen,** das **Tischdecken** einführen, indem wir ihnen all dies isoliert von anderen Dingen langsam und deutlich Schritt für Schritt vormachen.

Ebenfalls sehr anregend für zu Hause sind die **Übungen der Stille** aus der Montessori-Pädagogik:

Gehen auf der Linie

Alter: ab etwa 3 Jahren

Material: Auf dem Fußboden ist eine ellipsenförmige Linie (ca. 3 Meter lang) mit Kreide aufgemalt oder mit Kreppband aufgeklebt. Zusätzlich liegen verschiedene Gegenstände wie ein Glöckchen, ein mit Wasser gefülltes Glas, Sandsäckchen, eine Kerze und Feuerzeug, kleine Bälle usw. bereit.

Einführung: Wir machen dem Kind die Übung langsam und Schritt für Schritt vor. Wir gehen auf der Linie, indem wir die Füße nacheinander auf die Linie setzen, wobei der gesamte Fuß (Fußspitzen und Ferse) auf der Linie steht. So gehen wir die ganze Linie vorsichtig entlang. Dann kann das Kind dies ausprobieren – keine leichte Übung, da man ständig das Gefühl hat umzukippen.

Übungsmöglichkeit: Wenn ein Kind die ganze Linie ohne zu stolpern entlangbalancieren kann, soll es die Füße nun so voreinander setzen, dass die Ferse des vorderen Fußes die Fußspitze des hinteren Fußes berührt.

Eine weitere Herausforderung besteht darin, mit einem Glas voll Wasser, mit einem Sandsäckchen auf dem Kopf, mit einem Glöckchen oder einer brennenden Kerze in der Hand über die Linie zu gehen.

Erfolgskontrolle: Die Übungen sind richtig gemacht, wenn das Kind kein Wasser verschüttet, das Glöckchen nicht zu hören ist oder das Sandsäckchen nicht herunterfällt.

Ziele: Ein schönes Spiel zur Übung des Gleichgewichts.

Stille »hören«

Alter: ab 4 bis 5 Jahren

Material: nichts außer einer Sanduhr

Einführung: Diese Übung ist für eine Gruppe geeignet. Zum Beispiel bei Tisch lädt man die Kinder ein: »Kommt, wir versuchen mal, ganz still zu sein und uns überhaupt nicht zu bewegen. Vielleicht hören wir etwas, aber wir sagen es noch nicht. Erst wenn die Sanduhr abgelaufen ist, erzählen wir uns der Reihe nach, was wir hören konnten.« Diese Übung darf allerdings nicht erzwungen werden.

Sind die Kinder einverstanden, dreht man die Sanduhr um. Wenn sie abgelaufen ist, berichten alle nacheinander im Uhrzeigersinn, welche Geräusche sie gehört haben.

Übungsmöglichkeiten: Eine Variante dieser Übung besteht darin, dass alle ganz leise sind und die Augen schließen. Nur ein Kind hat seine Augen geöffnet und macht ein Geräusch (es schlägt z.B. mit der Gabel gegen den Teller). Dann bittet das Kind die anderen, ihre Augen zu öffnen und zu raten, wie das Geräusch gemacht wurde. Wer es erraten hat, ist als Nächster dran. Oder alle dürfen nacheinander ein Geräusch machen.

Auch Spiele wie »Ich sehe was, was du nicht siehst« sind schöne Übungen der Stille, durch die Kinder zur Ruhe kommen und aufmerksam ihre Umwelt wahrnehmen.

Ziele: Kinder lernen die Stille empfinden und üben gleichzeitig ihr Gehör.

Papiergeräusche

Alter: ab etwa 3 Jahren

Material: Auf dem Tisch liegen verschiedene Sorten Papier (Seidenpapier, Zeitungspapier, Servietten usw.). Jede Papierart ist als Paar vorhanden.

Einführung: Als Erstes befühlt man die verschiedenen Papiersorten und raschelt mit ihnen, um ihre unterschiedlichen Klänge zu hören. Nun verbindet man sich die Augen und wählt eine Papiersorte aus. Mit dieser raschelt man und legt sie dann links zur Seite. Dann sucht man dieselbe Papiersorte, indem man ein neues Stück Papier »hört«. Die Übung dauert so lange, bis alle Paare gefunden wurden.

Übungsmöglichkeiten: Wir können dem Kind die Namen der Papiersorten sagen. Später kann es nach vergleichbarem Papier in der Wohnung suchen.

Ziele: Hier werden ebenfalls in stillem Rahmen das Gehör und das Gedächtnis geübt.

Zusammenfassend können wir sagen, dass die hier beschriebenen methodischen Anregungen die Entwicklung von Kindern fördern. Sie motivieren Kinder zu eigenem Handeln, egal, ob sie behindert sind oder nicht, egal, aus welchem Kulturkreis sie kommen. Sie lassen Kinder Kinder sein und fördern ihr Selbstbewusstsein. Das heißt, Kinder lernen sich und ihre Fähigkeiten kennen und einschätzen, ohne sich zu stark daran zu orientieren, ob es uns Erwachsenen gefällt. Dadurch werden sie aufrechte, unabhängige Menschen. Und ein aufrechter Mensch mit Eigenliebe stellt sich seiner sozialen Verantwortung, er nimmt Rücksicht auf andere und hilft ihnen. So kann er seine Rolle im Leben einnehmen und handelnd auf seine Umwelt Einfluss nehmen.

Zu diesen bisher genannten Materialien, Übungen und Grundgedanken kommt noch ein weiterer wichtiger Bereich in der Montessori-Pädagogik hinzu. Darin wird ihr ganzheitlicher Ansatz
besonders deutlich: die kosmische Erziehung.

Die kosmische Erziehung

Für Maria Montessori leben die Menschen in lebendigen Bezie-
hungsstrukturen innerhalb der Vielfalt des Kosmos. Der Kosmos
wiederum umfasst Lebendiges und Nicht-Lebendiges. Alles dies
steht in Wechselbeziehung zueinander und entwickelt sich gemeinsam mit dem Prinzip, das Lebendige zu erhalten. Alle Dinge
sind »Teil des Universums und miteinander verbunden, um eine
große Einheit zu bilden«.[41]

Deshalb übernehmen alle Montessori-Materialien und -Übun-
gen die Aufgabe, Kindern eine Vorstellung vom Zusammenspiel
zwischen Natur und Mensch zu vermitteln und durch kleine Beispiele das Universum darzustellen. Solche Beispiele stammen aus
der Astronomie, Geologie, Geographie, Chemie, Physik, Biologie,
Geschichte und Soziologie. Sie vermitteln bereits Grundschulkindern ein Grundwissen über ihre jeweiligen Gebiete. Mit Experi-
mentierkästen und Materialien gewinnen Kinder also eine Vorstellung des ganzen Universums.

Wenn wir Eltern genau hinschauen, stellen wir fest, dass bereits
kleine Kinder ein großes Interesse daran haben, den Kosmos in seiner Unendlichkeit und Grenzenlosigkeit wahrzunehmen.

[41] Maria Montessori: Kosmische Erziehung. Freiburg 1996.

Maria Montessori geht so weit, dass sie sagt, das Universum sei eine Antwort auf alle Fragen und eine eindrucksvolle Wirklichkeit. Die Erkenntnis der Strukturen der Welt ermöglicht dem Menschen, seine Stellung und seine Aufgabe darin zu finden. Und diese Aufgabe besteht auch darin, den Wert und die Würde der Lebenskreisläufe anzuerkennen und das Geben und Nehmen zwischen Erde und Mensch zu sehen. Daraus erwachsen Respekt und Mitverantwortung für die Umwelt.

Die Entwicklung der Innenwelt eines Kindes steht somit in engem Bezug zur Entwicklung der Erde, der Kultur und der Gesellschaft.

Dieser Ansatz zu einer kosmischen Erziehung wird durch neue Sichtweisen der modernen Entwicklungspsychologie bestätigt. Danach ist die Entwicklung des Menschen ein Prozess innerhalb »ökosystemischer« Bedingungen.

Auch die moderne Öko-Pädagogik weist viele Gemeinsamkeiten mit der kosmischen Erziehung auf. Beide stellen Verknüpfungen zwischen Mensch und Umwelt her, mit dem Ziel, hier ein Gleichgewicht zu finden, und mit der Chance, die Störungen, die Menschen in der Natur hervorgerufen haben, zu beheben.

Somit ist die kosmische Erziehung eine Wegbereiterin des Umweltschutzes. Und sie dient der Sicherung des Friedens, vor allem weil bei ihr die geistige und die gefühlsmäßige Entwicklung der Kinder eng miteinander verbunden sind. Die anschaulichen und sinnlichen Materialien der kosmischen Erziehung fördern diese Verbundenheit, da sie Kinder geistig (kognitiv) und sinnlich-emotional ansprechen.

Einige Materialbeispiele sollen dies verdeutlichen. Auch sie lassen sich leicht zu Hause anwenden.

Barfuß-Station

Alter: ab etwa 6 Jahren

Material: Es sind vier stabile, flache Schachteln mit verschiedenen Waldgegenständen gefüllt: eine Schachtel mit Waldboden (Erde, Nadeln, Holzstückchen), eine mit Sand und Steinchen aus dem Flussbett, eine mit Moos und eine mit Rindenstückchen.

Einführung: Wir bitten das Kind, seine Schuhe und Strümpfe auszuziehen. Dann verbinden wir ihm die Augen und leiten es behutsam an, mit seinen nackten Füßen den Inhalt der einzelnen Schachteln zu ertasten. Diese Übung kann wiederholt werden, indem die Reihenfolge der Schachteln verändert wird. Später kann man die einzelnen Schachtelinhalte benennen.

Gedanken über das Leben eines Baumes

Alter: ab etwa 7 Jahren

In diese Übung führt man nicht ein, sondern liegt gemeinsam mit dem Kind oder den Kindern entspannt auf dem Boden. Alle schließen ihre Augen und hören dem Elternteil bei folgendem Text zu (ruhig, langsam und deutlich vortragen):

»Baumsamen fallen auf die Erde.

Nach einem Jahr wagen sich zögernd Keimlinge ans Licht.

Nach drei Jahren sind die Jungpflanzen 30 Zentimeter hoch.

Nach zehn Jahren erreichen die Bäume ungefähr die Höhe von drei Metern.

Im Alter von 30 Jahren sind die Bäume etwa neun Meter hoch.

Nach einer Zeitspanne von 70 Jahren bewegen sich die Baumwipfel annähernd achtzehn Meter über dem Boden.

Nach 100 Jahren tragen die Bäume eine dichte Baumkrone und sind bis zu dreißig Meter hoch.

In 30 Sekunden wird der Baum von einer Motorsäge gefällt.

Lasst uns neue Bäume pflanzen.«

Nach einer kurzen Pause kann man den Text wiederholen und gemeinsam mit den Kindern versuchen, ihn pantomimisch darzustellen.

Wassertropfen hören

Alter: ab etwa 4 Jahren

Material: Eine Schüssel ist mit Wasser gefüllt. Und es stehen verschiedene Materialien bereit, zum Teil in kleinen Kisten: Sand, Gartenerde, Lehm, Waldboden, Glas, ein großer Stein, Metall usw.

Einführung: Das Kind befühlt alle Gegenstände und auch das Wasser. Dann verbinden wir ihm die Augen und lassen einen Wassertropfen auf ein Material tropfen. Das Kind hört den Klang, der dabei entsteht, und rät, auf welches Material der Tropfen gefallen ist. So geht man alle Materialien durch.

Später können sich andere Experimente anschließen: Was passiert z.B., wenn wir die Gegenstände ins Wasser fallen lassen? Was löst sich im Wasser auf und was nicht? Was ist wasserdurchlässig und was nicht? Vielleicht entdecken oder erfinden wir Wassergeschichten und vieles mehr.

Anschließend können Kinder erkunden, wie das Verhältnis von Wasser und Land auf der Erdkugel ist. Dafür gibt es zwei Globen (Montessori-Material). Auf dem ersten Globus ist das Wasser blau und das Land mit Sandpapier dargestellt. So sieht und fühlt ein Kind, dass die Erde aus diesen zwei Grundelementen besteht. Auf dem zweiten Globus sind die Erdteile durch unterschiedliche Farben dargestellt.

Die Montessori-Pädagogik betont zwar die Individualität jedes Menschen, doch ihr Ziel ist keineswegs der Individualist, sondern ein verantwortliches Gesellschaftsmitglied, das mit Selbstbewusstsein seine Aufgaben in der Gemeinschaft und für die Gemeinschaft – auch die Natur – übernimmt (entsprechend seiner »kosmischen Mission«). Denn jeder Mensch ist als Mitglied einer Gruppe mit den anderen verbunden und bildet mit diesen zusammen eine größere Einheit.

Wenn wir diesen kosmischen Gedanken der Montessori-Pädagogik in unseren Erziehungsalltag aufnehmen, bereiten wir einen Weg zum Frieden.

Neben diesen sehr sinnlichen und konkreten Materialien stellt sich die Frage, wie die neuen technischen Medien hier einzuordnen sind. Sollten wir Eltern sie als »unnatürlich«, als zu einseitig möglichst lange in der Erziehung ausgrenzen oder sind sie der neue Zugang zu unserer Welt?

»Montessorische« Antworten auf grundlegende Erziehungsfragen

Umgang mit Fernseher und Computer

Viele Eltern stellen sich die Frage, ab wann und inwieweit Kinder technische Medien nutzen sollten. Mittlerweile gehören vor allem der Fernseher und der Computer zum Alltag vieler Familien. Sie üben eine große Faszination aus, sobald Kinder diese Medien und ihre Möglichkeiten entdeckt haben. Denn die Welt der Bilder ist die Welt der Kinder.

Wenn wir Eltern unseren Kindern das Fernsehen und den Umgang mit dem Computer verbieten, verstärkt dies nur noch die Neugierde. Aber auch unkonkrete Vorgaben (»ab und zu darf geschaut werden«) lassen täglich neue Diskussionen darüber entstehen, ob das Fernsehen heute erlaubt ist oder nicht. Eine klare Regelung ist hier hilfreich. Zum Beispiel, dass am Wochenende ein Film geschaut werden darf. Durch diese eindeutige Zeitvorgabe lernen Kinder von Anfang an einen angemessenen Umgang mit dem Fernseher. Attraktiv ist der Fernseher ja sowieso nur, wenn Kinder in ihrer Umwelt wenig interessante, kindgerechte Dinge vorfinden.

Von Vorteil ist, wenn wir mit den Kindern gemeinsam ausgewählte Filme anschauen und danach noch Zeit für ein Gespräch haben. Diese Gespräche bieten Gelegenheit, die Bilder- und Informationsflut zu verdauen, so dass die Sendungen als erfundene Geschichten abgespeichert werden und nicht zu große Ängste hervorrufen. Sollten Kinder jedoch nach dem Fernsehen deutlich unruhiger schlafen, dann sind sie von den Bilderfluten vielleicht doch überfordert.

Insgesamt werden Kinder schneller akzeptieren, dass der Fernseher oder auch der Computer nur ein kleiner Teil der sonst so spannenden Welt ist, wenn sie in den ersten drei Lebensjahren aktiv handelnd ihre Umwelt durch ihre Sinne erfahren haben.

Da Computer mit geeigneter Software den Montessori-Prinzipien der Isolation von Schwierigkeiten und der Möglichkeit zur selbstständigen Fehlerkontrolle sowie der Möglichkeit zu selbstständigem Arbeiten gerecht werden, sollten sie auch Kindern als Materialangebot zur Verfügung stehen. Allerdings müssen wir Eltern uns die Mühe machen, die didaktisch gut aufbereiteten Software-Angebote unter den vielen PC-Spielen auszusuchen.

Die didaktische, kreative und informative Software stellt für manche Kinder einen interessanten Zugang zur Welt dar. Es gibt Kinder, die zwar sehr konzentriert am Computer »üben«, nicht aber mit Büchern. Hier ist es sinnvoll, das Kind auf diese Weise selbstständig arbeiten zu lassen. Doch es sollte nicht stundenlang fast unbeweglich vor dem PC sitzen, sondern mit einer klaren zeitlichen Beschränkung. Damit das Kind auch Zeit hat, andere Angebote seiner Umwelt aktiv, also bewegungsreicher und sinnlicher zu nutzen.

Wir sollten bedenken, dass häufiger Fernsehkonsum und zu viele Computerspiele sich negativ auf Kinder auswirken. Kinder, die zu viel am Computer oder vor dem Fernseher sitzen, werden dadurch häufig unruhiger, unkonzentrierter, passiver und kontaktärmer. Ferner können Schlafstörungen sowie typisches Suchtverhalten auftreten. Auch verstärken gewalttätige Szenen (wie es sie in vielen Erwachsenenfilmen gibt) kindliche Aggressionen. Bedenken wir, dass manche PC-Software und vor allem das Fernsehen die Bilderfluten der Erwachsenenwelt wiedergeben und nicht kindgerecht sind. Hier ist unser Urteilsvermögen gefordert: Wir müssen selbst abwägen, was unser Kind verträgt.

Wir Eltern sollten nicht meinen, Kinder wüssten selbst, was für sie gut sei, und wir könnten sie einfach vor dem Fernseher oder Computer sitzen lassen. Die Gefahren können Vorschul- und Grundschulkinder noch nicht einschätzen, sie sind hier noch auf unsere Hilfe angewiesen. Sie müssen in kleinen Schritten die Vor- und Nachteile der neuen Medien unterscheiden und einen positiv-kritischen Umgang mit ihnen lernen.

Belohnen und Bestrafen

Bis heute sind Belohnen und Bestrafen anerkannte und gängige Erziehungsmittel: »*Wenn* du nicht gleich aufhörst, *dann* setzt es was!« – »Wie kannst du dich nur so *dumm* anstellen, die anderen können das doch auch schon!« – »Oh, das Bild hast du aber *schön* gemalt!« – »Hör auf zu weinen, jetzt bist du aber gar nicht *lieb*!« – »Weil ihr die Klasse so schön aufgeräumt habt, bekommt ihr heute alle ein Gummibärchen.«

Uns allen fallen viele Situationen ein, in denen wir bewerten, androhen, belohnen oder bestrafen. Man meint damit das Verhalten eines Kindes entweder zu verändern oder zu festigen. Aber wenn wir die Sache genau betrachten, erkennen wir, dass Kinder meistens doch nicht entsprechend reagieren.

Auch auf Schläge reagieren Kinder sicher nicht positiv, doch laut Umfragen schlagen sogar über 80% der deutschen Eltern ihre Kinder[42], obwohl es mittlerweile auch in der Familienerziehung gesetzlich verboten ist.

Bei Androhungen und Bestrafungen werden Kinder entweder wütend, oder sie verstummen eingeschüchtert. Bei Belohnungen

---

[42] Siehe Bundesministerium für Familie in der Kampagne »Mehr Zeit für Kinder« von 2001.

fangen sie an, vieles uns zuliebe zu machen, um uns zu gefallen. Doch genau das lenkt Kinder vom Wesentlichen ab. Eigentlich sollte ihre Aufmerksamkeit auf die Funktionen eines Gegenstands wie auch auf ihre selbstständigen Aktivitäten gelenkt sein. Doch bis heute meinen wir Erwachsenen, das kindliche Verhalten zielgerichtet lenken zu müssen, da sie selbst nicht über genügend Motivation und Weitblick verfügen würden. Doch Kinder besitzen ausreichend Motivation zu lernen und es »richtig« zu machen. Manche schneller, manche langsamer, manche probieren eher aus und andere nehmen eher hin. Sie brauchen dafür nur Zeit und eine kindgerechte Umgebung.

In den zuvor beschriebenen Übungen und Materialien wird auch deutlich, dass unsere Belohnungen und Bestrafungen eigentlich überflüssig sind. Denn in den meisten Übungen sind Fehlerkontrollen enthalten, mit denen Kinder ihr Tun selbst überprüfen können. Wir sind nicht aufgefordert, es zu bewerten und zu sagen: »Ach, das habe ich dir doch gerade richtig gezeigt, du machst das ja ganz falsch. Lass mich mal machen.« Stattdessen zeigen wir dem Kind die Übung freundlich noch mal und bieten ihm Gelegenheit, sie zu wiederholen, bis es sie verstanden hat.

In gleicher Art können wir Kindern auch vieles andere zeigen. Beispielsweise das Schwimmen: Wir sollten uns allerdings vorher fragen, ob wir momentan wirklich die Zeit und die Geduld haben, unserem Kind immer wieder die Schwimmbewegungen vorzumachen, selbst wenn wir meinen, dass es sie doch jetzt endlich verstanden haben müsste. Wie leicht reagieren wir dann angestrengt und gereizt: »Mensch, das habe ich dir doch nun schon so oft gezeigt! Jetzt musst du es aber endlich können!« Doch wie würden wir es finden, wenn jemand derart mit uns sprechen würde, während wir uns abmühen, etwas Neues zu lernen?

Kinder verstehen nur selten unsere Bestrafungen und sind nicht fähig, sich gegen sie zu wehren. Sie nehmen unsere Äußerungen ernst und reagieren darauf sehr emotional: Meistens fühlen sie sich dann schuldig und fehlerhaft. Dies schwächt ihr wachsendes Selbst.

Wenn Kinder aber nicht auf Belohnungen und Bestrafungen reagieren, dann zeigen sie damit ihre Würde. Auf uns Erwachsene wirkt das jedoch oft rebellisch.

Der Verzicht auf Belohnungen und Bestrafungen bedeutet allerdings nicht, dass wir Eltern unsere Meinung wie auch unsere begeisterte Zuneigung für unser Kind nicht äußern sollten. Beides ist notwendig: Mit Ich-Botschaften können wir Kinder bitten, ihr Verhalten zu verändern, z.B. bei den Mahlzeiten nicht mehr herumzuspringen: »Ich kann dann nicht in Ruhe essen. Ich möchte aber gerne mit dir zusammen essen.« Durch diese freundliche und positive Art, mit unseren Kindern zu reden, drückt sich unsere Zuneigung aus. Darüber hinaus tut es Kindern sicher gut, wenn sie von ihren Eltern ab und zu hören, dass sie sie »prima« finden, dass sie begeistert von ihnen sind.

Die Erfahrungen zeigen – auch wenn man es manchmal nicht glauben mag –, dass unsere positiven Umgangsformen ein deutlich besseres Verhältnis zu unseren Kindern aufbauen als Bewertungen und Bestrafungen. In einer guten Eltern-Kind-Beziehung »hören« Kinder auch besser auf ihre Eltern. Allerdings »hören« die Eltern hier auch auf ihre Kinder. Die Aufgabe, diese positive Beziehung als Erste herzustellen, liegt jedoch bei uns Eltern.

Doch was können wir tun, wenn Kinder achtlos etwas kaputt machen oder etwas anderes anstellen? Wir können ja schlecht einfach darüber hinwegsehen, dass das Fünfjährige gerade unser Wohnzimmersofa anmalt. Manchmal werden wir da sehr wütend, und warum sollten wir das nicht auch ausdrücken?

Auch hier geht es wieder um die Art und Weise, wie wir es ausdrücken. Für ein Kind wird unser Ärger verständlicher, wenn wir ihn deutlich auf die momentane Situation beziehen. Also beispielsweise Wörter wie »immer« vermeiden und klar sagen: »Es ärgert mich, dass mein schönes Sofa jetzt verschmiert ist.« Manchmal will man dann auch eine Zeit lang in Ruhe gelassen werden, was für Kinder wie Liebesentzug wirken kann. Wir können dem Kind dann sagen:»Ich will jetzt alleine sein, aber mein Ärger ist gleich wieder vorbei.« Vielleicht reagiert es seinen Ärger dann auch so ab und schlägt nicht mehr um sich.

Ferner sind pädagogische Konsequenzen im Erziehungsalltag notwendig. Anders als Bestrafungen stellen sie eine logische Konsequenz auf ein Verhalten bzw. Nicht-Verhalten der Kinder dar: Wenn wir beispielsweise unser Kind zum Abendessen gerufen haben und es trotz wiederholter Bitte nicht kommt, dann wäre hier die Konsequenz, den Abendbrottisch wieder abzuräumen, wenn man selbst mit dem Essen fertig ist und dem Kind zu sagen: »Ich habe dich mehrmals gerufen und gewartet, jetzt habe ich keine Zeit mehr zu warten. Wenn du noch Hunger hast, dann iss ein Müsli in der Küche oder trinke ein Glas Milch.« Natürlich ist es wichtig, dies möglichst in Ruhe zu sagen und darauf zu vertrauen, dass unser Kind nicht gleich verhungern wird. Auch sollten wir darauf vertrauen, dass schon Vierjährige verstehen, was wir ihnen da sagen und dass sie fähig sind, alleine etwas in der Küche zu essen. Ebenso gilt dies beim Zähneputzen, was ja auch immer wieder zu Streitigkeiten führt. Wieviel Eltern zerren da mit Gewalt ihre Kinder ins Badezimmer, weil die nicht von alleine kommen? Aber auch hier sind wir auf Dauer erfolgreicher, wenn wir ruhig, klar und konsequent bleiben: Wer keine Zähne putzt, kann auch keine süßen Leckereien essen.

Ordnung

Neben dem Belohnen und Bestrafen haben Eltern auch zum Thema »Ordnung« die unterschiedlichsten Auffassungen. Welche Bedeutung aber hat Ordnung in der Montessori-Erziehung, und worauf kommt es an?

Bei dem Menschenbild der Montessori-Pädagogik konnten wir bereits sehen, dass Ordnung einen besonders wichtigen Aspekt darstellt. Danach drücken schon Ein- bis Eineinhalbjährige ihr Bedürfnis nach Ordnungen aus. Beispiele hierfür kennen wir alle: Da weint z.B. im Urlaub ein Kleinkind fürchterlich, weil alles so fremd und neu ist. Manche Kinder essen auf einmal nicht mehr richtig, wenn sich die Sitzordnung am Tisch verändert hat, und manche Kinder weinen nach dem Schlafen viel, weil die Traum- und die reale Welt so ungleich sind. Viele Tränen, vor allem kleiner Kinder, drücken ein Bedürfnis nach Ordnung, nach Regelmäßigkeit aus.

Vor allem für kleine Kinder, die ja die Welt ganz konkret sehen und wahrnehmen, ist es wichtig, dass ihre Umwelt geordnet ist und alle Gegenstände ihren festen Platz haben. Wie auch alle Tagesabläufe ihre Regelmäßigkeit haben müssen. Diese äußere Ordnung hilft den Kindern, ihre Welt zu verstehen und neu gemachte Erfahrungen darin einzuordnen. Das wirkt vertrauensfördernd.

Wenn ein Kind eine Welt der Ordnung und Regelmäßigkeit kennen gelernt hat, ist es zunehmend bereit, sich auch auf die stetigen Veränderungen und Unregelmäßigkeiten einzulassen. Und wenn es gleichzeitig in seinen eigenen Aktivitäten wächst, so erlebt es eigene Möglichkeiten, seine Umwelt aktiv mitzugestalten und zu verändern.

Kinder lernen durch die äußere Ordnung und Regelmäßigkeit die Beziehungen der Gegenstände untereinander verstehen. Erst dadurch können sie sich später selbst in Bezug zu ihrer Umwelt setzen.

Dabei sind Regeln eine sehr wichtige Form der äußeren Ordnung: Sie ordnen das Zusammenleben der Menschen und bieten Verlässlichkeit. Auch wenn es für manche Kinder nicht leicht ist, Spielregeln (von Brett- und Kinderspielen) einzuhalten, so bieten diese doch eine gute Gelegenheit, den Sinn von Regeln anschaulich zu machen. Ein ebenso gutes Beispiel sind die Regeln im Straßenverkehr.

Die äußere Ordnung der Umwelt verhilft Kindern zu innerer Ordnung und Orientierung. Dies stärkt auch ihr Vertrauen und führt zu innerer Ausgeglichenheit.

Heißt dies nun, dass wir Eltern immer alles aufräumen und die Unordentlichen unter uns nun ordentlich werden müssen? Wenn wir Kindern etwas zeigen wollen, dann ist die im methodischen Teil immer wieder beschriebene Ordnung sicherlich hilfreich für Kinder. Ansonsten setzt natürlich jede Familie ihre eigenen Regeln und Ordnungen. Wichtig ist nur, sie für die Kinder durchschaubar zu machen, und es ist gut, wenn wir Eltern uns im Beisein unserer Kinder eindeutig an diese Regeln und Ordnungen halten: Wenn wir die Regel aufstellen, dass nur am Tisch gegessen wird, dann sollten wir uns auch (in Anwesenheit der Kinder) daran halten.

Kinder fühlen sich ansonsten verunsichert – manche mehr und manche weniger. Dies fällt vor allem bei Kindern mit einer ausgeprägten Fantasie auf, die hinter jedem Schrank und jedem Geräusch die wildesten Geister vermuten.

Ordnung im Sinne des Montessori-Konzepts bezieht sich also auf die vertrauensvolle Stärkung der kindlichen Emotionalität wie auch auf die Förderung eines geordneten Geistes (der Kognition). Zwar wird das Thema Ordnung in der Montessori-Methode besonders betont, doch sollte dies nicht dazu verleiten, unsere Kinder zur täglichen Ordnung zu zwingen. Vielmehr entwickelt sie sich innerhalb der verschiedenen kindlichen Entwicklungsphasen durch eine geordnete Umwelt gewissermaßen wie von selbst.

Ebenso sollten wir in der Erziehung auch andere Zwänge meiden: Freundlichkeit, Lernbereitschaft bzw. Lernfähigkeit, Sportlichkeit, Kontaktfreudigkeit usw. lassen sich weniger erzwingen – vielmehr wachsen sie langsam innerhalb der kindlichen Entwicklung mit unserer Hilfe.

Statt Zwängen, Belohnungen und Bestrafungen bieten neben der Ordnung genügend Zeit, Freiheit und sinnvolle Grenzen wichtige Hilfestellungen für Kinder.

Zeit

Kinder entwickeln sich über einen langen Zeitraum hinweg. Jeder Entwicklungsschritt hat seine bestimmte Zeit: Neugeborene können noch nicht laufen, Sechsjährige noch nicht abstrakt denken usw. Wobei bei jedem Kind die Lernzeit für eine neue Fertigkeit variieren kann. Das eine Kind läuft bereits mit einem Jahr, ein anderes mit 18 Monaten. Und während das eine Kind zuvor ausgiebig auf allen vieren gekrabbelt ist, stand das andere innerhalb einiger Tage auf und lief.

Wir Eltern können hier kaum eingreifen. Unsere Hilfe besteht vorwiegend darin, den Kindern Zeit zu geben, damit sie in ihrem eigenen Rhythmus die neuen Fertigkeiten einüben können. Dies beinhaltet auch, ihnen Zeit zu lassen, um Fehler zu machen. Kinder brauchen Zeit, um mal schnell und mal langsam, mal freundlich und mal frech, mal sauber und mal dreckig, mal klug und mal dumm zu sein – eben so zu sein, wie sie sind.

Darüber hinaus sollten wir Eltern auch beachten, dass die Entwicklung von Kindern keineswegs geradlinig verläuft. Oftmals machen Kinder einen kleinen Schritt in ihrer Entwicklung zurück, bevor sie einen neuen, größeren Schritt nach vorne tun. Da kann das Kind bereits gut sprechen, doch auf einmal lallt es wie ein Kleinkind. Erschrocken korrigieren wir das Kind – doch vielleicht steht »nur« ein neuer Entwicklungsschritt bevor.

In unserer schnelllebigen Zeit ist es allerdings gar nicht so einfach, Kindern die Zeit zu geben, die sie brauchen. Wie sollen wir ihnen morgens Zeit geben, etwas auszuprobieren, wenn wir pünktlich zur

Arbeit müssen? Hier besteht allein die Möglichkeit, das Kind darauf hinzuweisen, dass es am Nachmittag wieder Zeit hat, seine angefangene Sache zu beenden. Und dass es seine Materialien liegen lassen darf, bis es fertig ist. Am Nachmittag müssen wir dann Wort halten. Vergessen wir unsere Zusage, so wächst bei Kindern Misstrauen.

In erster Linie regt uns die Montessori-Pädagogik an, unseren Kindern Zeit für ihr Wachstum zu geben. Sie rät allerdings nicht, unsere ganze Zeit mit unseren Kindern zu verbringen. Im Gegenteil, Kinder sollten genügend Zeit haben, alleine aktiv zu sein, während wir Eltern passiv im Hintergrund bleiben.

Es genügt vollkommen, unseren Kindern einige Zeit am Tag unsere ungeteilte Aufmerksamkeit zu schenken.

Freiheit und Grenzen

Indem wir unseren Kindern Zeit lassen, so zu sein, wie sie sind, bieten wir ihnen die nötige Freiheit für ihre Entwicklung. Doch was bedeutet Freiheit darüber hinaus? Es bedeutet sicher nicht, dass Kinder tun und lassen dürfen, was sie wollen. Freiheit ohne Grenzen ist keine Freiheit.

Die Methode der Montessori-Pädagogik ist sogar eine sehr disziplinierte und grenzenreiche. Interessant ist, wie sie Grenzen setzt und damit Kindern die Freiheit zur Selbstverwirklichung bietet.

Kinder erleben die Grenzen hier in erster Linie durch ihre Umgebung – und nicht vorwiegend durch die Worte der Erziehenden. Im Handeln der Erwachsenen und Kinder gibt es Regeln: Da werden die Materialien nicht einfach auf dem Boden verstreut liegen gelassen, sondern es gehört zur »Arbeit«, die Sachen auch wieder zurückzuräumen. Die kindliche Umwelt ist also geregelt und geordnet und somit begrenzt.

Und die Regeln und Grenzen der Umgebung sind für Kinder

leicht einsichtig. Durch ihre eigenen Erfahrungen erleben sie, welchen Sinn sie machen. Wenn ein Kind selbst lesen will, dann fühlt es sich durch den Lärm der restlichen Familie gestört. Also macht es Sinn, ab und zu auch selbst ruhig zu sein.

Ebenso lernen Kinder die Grenzen in ihrer Umgebung kennen, indem bestimmte Gegenstände nur für bestimmte Funktionen stehen: Das Besteck ist zum Essen da und nicht, um damit im Sandkasten zu spielen. Die blau-roten Stangen sind zum Zählen da und nicht, um sie als Schwerter zu benutzen.

Diese Überschaubarkeit der kindlichen Umwelt macht Kindern Mut, sich frei und aktiv darin zu bewegen.

Neben den vielen Grenzen durch die Umwelt erleben Kinder auch zunehmend die Abgrenzung zu ihren Eltern. Dieser oft schmerzliche Weg ist notwendig, damit das Kind selbstständig werden kann.

Ein Neugeborenes fühlt sich noch ganz eins mit seiner Mutter/seinen Eltern. Ein wichtiger Entwicklungsschritt besteht darin, zunehmend sein eigenes Selbst, sein Ich zu bilden, sich also »abzunabeln«. Diese Entwicklung funktioniert jedoch nur durch Abgrenzung. Indem Kinder beginnen, sich fortzubewegen, beginnt die erste große Phase dieser Abgrenzung von den Eltern. Zwar brauchen Kinder dann immer noch den engen Kontakt zu uns Eltern, aber wir dürfen sie niemals festhalten. Wenn sie sich fortbewegen, sollten wir warten, bis sie von alleine wieder zurückkommen. Dann jedoch sollten wir verlässlich für sie da sein. Dies macht ihnen Mut, sich wieder fortzubewegen und die Welt zu erkunden. Mit dieser Phase ist die Zeit der Grenzen angebrochen.

Die Kinder lernen, sich abgegrenzt wahrzunehmen, indem sie die Eltern zunehmend als eigenständige Personen erkennen. Hier müssen wir uns auch als eigenständige Personen zu erkennen geben, indem wir unsere persönlichen Grenzen zeigen. Vielleicht wollen wir das Kind mal nicht auf dem Schoß sitzen haben und sagen nun: »Nein, ich mag jetzt alleine hier sitzen.«[43] Es ist wichtig, den kleinen Kindern langsam aber deutlich zu zeigen, wer wir als Eltern sind. Durch die Art, wie wir uns ihnen zeigen, bieten wir ihnen Gelegenheit, uns und sich selbst als zwei eigenständige Personen wahrzunehmen.

Eine große Schwierigkeit bei unserer Abgrenzung und dem damit häufig verbundenen Nein gegenüber unseren Kindern besteht darin, dass so etwas für Kinder schmerzhaft ist. Viele dieser Abgrenzungen bedeuten kurzfristige Enttäuschung und Frustration. Worauf viele Kinder mit Tränen reagieren. Solche Tränen »verführen« uns Eltern leicht dazu, uns weniger hart oder sogar zu hart abzugrenzen, weil persönlich betroffen. Wer weiß schon, welche Grenzen wirklich angemessen sind?

Doch manche Tränen müssen sein. Sie bieten Kindern die Chance zu lernen: dass sie Schmerz, Enttäuschungen und Frustrationen aushalten. Eine schöne Kindheit – die wir Eltern ja unseren Kindern bieten wollen – bedeutet nicht, dass Kinder möglichst ohne Anstrengungen und ohne Enttäuschungen und Schmerzen aufwachsen sollen. Denn Erziehung heißt sicher nicht, dass Kinder alles dürfen und Eltern sich zehn, fünfzehn Jahre lang mit ihren Bedürfnissen extrem zurücknehmen. Umgekehrt heißt es nicht, dass wir unsere Grenzen auf Biegen und Brechen durchsetzen sollten nach dem Motto: »Ich sage nein, da hast du zu gehorchen und nicht zu schreien!« Grenzen bedeuten zwar Schmerz, sollten aber nicht Ablehnung bedeuten.

Wie bereits mehrfach ausgeführt, müssen wir Eltern eine ganze Menge an Erziehungsaufgaben erfüllen. Da es sich dabei um sehr anspruchsvolle Aufgaben handelt, finden Sie diese und das besondere Rollenverständnis für Erziehende innerhalb der Montessori-Methode im nun folgenden Kapitel noch einmal zusammengefasst.

[43] S. hierzu die Ich-Botschaften nach Gordon (S. 96).

Die Rolle der Mutter und des Vaters

Das hier beschriebene Rollenverständnis lädt uns Eltern ein, unsere bisherigen Vorstellungen noch einmal zu überdenken.
Welche Aufgaben und welche Rollen schlägt uns die Montessori-Methode vor?

- Dass wir Erziehenden uns vorbereiten auf die tägliche Erziehungsaufgabe. Was auch bedeutet, dass wir eine klare innere Haltung gewinnen (u.a. zu der Frage: Welches Menschenbild habe ich? Welche Ziele?). *Eigene Haltung überdenken*
- Die Bereitschaft zu haben, sich selbst immer wieder zu verändern und zu entwickeln. *Bereitschaft zu veränderung + ...*
- Passiv zu werden und sich zurückzunehmen. *Passiv sein*
- Dem Kind zu helfen und nicht einzugreifen. Ihm also zu zeigen, wie es die Dinge selbst tun kann. *Hilfe zur Selbsthilfe*
- Sich selbst als Teil der kindlichen Umgebung zu verstehen.
- Die häusliche Umgebung kindgerecht zu gestalten. *vorbereitete Umgebung*
- Die Aktivitäten und die konzentrierte Arbeit eines Kindes nicht *in gibt* zu stören. Stattdessen Respekt vor der Arbeit eines jeden Kindes zu zeigen. *Respekt vor. kindl. Arbeit, nicht stören*
- Freundlich, klar und deutlich zu sprechen und abwertende Formulierungen zu vermeiden (»Du schon wieder!« – »Kapierst du das denn nie?« oder »Immer fängst du Streit an!« usw.). *klar / Freundl. Ansprache*
- Vor allem bei Übungen und bei eindeutigen Anweisungen wenig oder gar nicht zu sprechen. *Bei Übungen / Anweisungen wenig oder gar nicht sprechen*
- Sich auf die Sache zu beziehen (»Dass jetzt mein Schal kaputt ist, ärgert mich.« Und nicht: »Andauernd machst du was kaputt, du bist so ungeschickt.«). *nicht verallgemeinern*

- Geduldig zu sein (oder zu werden) und das Kind zu »lassen«. Das Kind also nicht unseren Vorstellungen und Erwartungen anzupassen, sondern:
- In die Entwicklungsfähigkeiten und die Kräfte unseres Kindes zu vertrauen.
- Hochmut, Zorn, auch Perfektionismus und alle weiteren Hindernisse in der Beziehung zum Kind zu überwinden, indem wir diese als eigene Fehler anerkennen. (Manchmal hilft es hier, sich als Eltern gegenseitig auf schlechte Verhaltensweisen aufmerksam zu machen und gemeinsam nach Alternativen zu suchen.)
- Die Kinder zu beobachten – jedes für sich – und die jeweiligen Interessen und Bedürfnisse zu erkennen, um genau da Hilfe anzubieten.
- Warten zu können, bis das Kind sagt, »Hilf mir« oder »zeig mir«, und ihm die Arbeit nicht abzunehmen.
- Sich immer wieder über die neuesten Erkenntnisse zur kindlichen Entwicklung zu informieren.
- Aufmerksame (und zärtliche) Zeiten mit jedem einzelnen Kind zu haben.
- Kinder nicht zu bewerten, nicht zu belohnen und zu bestrafen.
- Vorbild und »Spiegel« zu sein, indem wir uns positiv verhalten.

Auch wenn diese Erwartungen für die gesamte Erziehungszeit gelten, so ändern sich im Erziehungsalltag doch immer wieder die einzelnen Aufgaben. Die Kleinkinderziehung sieht anders aus als die Jugenderziehung. Denn zunehmend entwickelt sich das Kind zur Selbstständigkeit und braucht deshalb immer weniger Hilfe von uns Eltern. Entsprechend der sensiblen Phasen stellen Kinder immer wieder neue Anforderungen an uns.

In den ersten Lebensjahren fühlen sich Kleinkinder eng verbunden mit den Eltern (meist der Mutter). Sie brauchen regelmäßig unsere ruhige und intensive Zuwendung. Dennoch brauchen selbst kleine Kinder nicht den ganzen Tag Zuwendung. Es ist gut, wenn wir für unser Kleinkind erreichbar sind und es ansonsten aktiv selbst seine Umwelt erkunden kann. Für die ungestörte intensive und zärtliche Zuwendung ist die Zeit der Körperpflege ideal. Bei Vierjährigen und Älteren könnte die aufmerksame Zeit die Zeit des Aufstehens, vor dem Mittagessen und vor dem Schlafengehen sein.

Mit zunehmendem Alter bewegen sich die Kinder von den Eltern weg in die Welt hinein. Sie wenden sich anderen Kindern, anderen Menschen zu und gestalten ihren Alltag immer aktiver mit. Die kindliche Bitte um Hilfe verringert sich hier zusehends. Im Jugendalter sind es vermehrt Gespräche und unser Zuhören, die gewünscht sind.

Im Hinblick auf die vorgestellte Methode gilt: Es gibt nicht für alle Eltern und für alle Kinder und für alle Situationen die einzig richtige Technik.

Seien wir ehrlich: Wer kann denn schon den hier genannten Aufgaben immer gerecht werden? Wir können uns lediglich an ihnen orientieren und uns auf den Weg machen, indem wir zuerst unsere eigenen Möglichkeiten und unseren persönlichen Standpunkt klären:

Was kann ich? Was will und brauche ich? Was ist wichtig für unser Zusammenleben und das Leben überhaupt? Was will und braucht mein Kind wirklich? Welche Kompromisse finden wir in unserer Familie? Damit wir die Würde der Kinder ebenso wie unsere eigene Würde wahren.

Wenn wir Eltern diesen Aufgaben nicht immer gerecht werden können, sind wir dann »schlechte« Eltern? Sicher wollen wir möglichst gute Eltern sein und unsere Kinder gut erziehen. So fragt man sich manchmal:

»Bin ich eine gute Mutter/ein guter Vater?«

Wir haben zumindest den Wunsch es gut zu machen. Nehmen wir das Beispiel mit dem Sandkasten. Eine Mutter meint es sicherlich »gut«, wenn sie mit ihrem dreijährigen Kind im Sandkasten spielt. Aber ebenso könnte es »gut« für das Kind sein, wenn es alleine den Sand erkundet, seine eigenen Einfälle ausprobiert und seinen Blick auf die anderen Kinder im Sandkasten richtet. Oder die Eltern, die ihrem Kleinkind alles Spielzeug zuschieben und sein Lächeln genießen, dabei aber dem Kind den Impuls zum Krabbeln – sich fortzubewegen, um an etwas heranzukommen – nehmen.

Wie schnell beurteilen andere das Verhalten der Eltern entweder positiv oder negativ. Die Mutter, die nach der Geburt ihres Kindes bald wieder arbeiten geht, bekommt vielleicht zu hören, sie sei eine »Rabenmutter« und vernachlässige ihr Kind. Oder aber man lobt sie, weil ihr Kind nun die Chance hat, selbstständig zu werden.

Sind gute Eltern die Eltern, die ein angepasstes, freundliches, leises und nettes Kind heranziehen? Oder sind es die Eltern, die ein freches, vorwitziges Kind heranziehen? Sind die Eltern die guten Eltern, die ihre Kinder in den ersten Jahren nicht für vierzehn Tage zu den Großeltern geben, um alleine in Urlaub zu fahren? Oder eher die Eltern, die bereits nach einigen Monaten ihren Säugling für eine Woche bei der Oma lassen können?

Wer mag das beurteilen? Letztlich geht es wohl um das angemessene Verhältnis zwischen Nähe und Verbundenheit mit dem Kind sowie Distanz und Abgrenzung.

Gute Eltern sind wahrscheinlich die Eltern, die bereit sind, über sich selbst nachzudenken. Die den Mut haben, das eigene Verhalten infrage zu stellen, weil ihre Vorstellungen vielleicht doch nicht immer zu ihrem Kind passen, und die sich immer wieder bemühen, ihr Kind in seiner Andersartigkeit zu akzeptieren.

Als ich meine siebenjährige Tochter fragte, was eine gute Mutter sei, antwortete sie spontan: »Eine, die nicht so viel schimpft, sondern die viel lacht.« Sehen wir Erziehenden manchmal die Erziehung zu verbissen, zu angespannt?

Bei der Frage danach, ob wir es gut genug machen als Mutter/als Vater, schwingt schnell ein überhöhter Anspruch an uns selbst mit. Wir Eltern haben gar nicht diesen großen Einfluss auf und diese große Verantwortung für unsere Kinder. Also selbst wenn wir Fehler machen, geht deshalb nicht die ganze Erziehung schief. Es geht vielmehr darum, wie wir mit unseren Fehlern umgehen. Fehler sind doch zum Lernen da. So sollten wir auch uns selbst Zeit geben, neue Sichtweisen und Techniken in der Erziehung auszuprobieren – und dabei Fehler zuzulassen.

Man gewinnt den Respekt seiner Kinder nicht dadurch, dass man sich fehlerfrei verhält, sondern wenn man seine Fehler auch zugeben kann und zeigt, wie man aus Fehlern lernt. Warum sollten sich Eltern nicht auch einmal bei ihren Kindern entschuldigen, wenn sie etwas falsch gemacht haben? Damit werden sie zu guten Vorbildern für ihre Kinder.

Viele Kinder aber empfinden die Erwachsenen als diejenigen, die alles (besser) können und die alles dürfen. Da dies nicht zutrifft, scheinen wir uns offenbar dennoch die allergrößte Mühe zu geben, dieses Bild vor unseren Kindern aufzubauen. Deshalb sei hier die Frage gestellt:

Müssen Eltern perfekt sein?

Sicher nicht. Es geht in der Erziehung um Wachstum und nicht darum, perfekt zu sein, sprich, es geht um den Weg und nicht um das Ziel. Wir sollten einfach verschiedene pädagogische und psychologische Techniken in unserem Erziehungsalltag auf ihre Wirkung hin erproben.

Wenn wir Eltern pädagogische Ideale auf unseren Erziehungsalltag übertragen, bemerken wir schnell, dass manches bei uns
nicht so einfach »funktioniert«. Nicht zuletzt auch, weil wir Eltern
ebenfalls Menschen mit Fehlern sind. Ferner müssen wir in unserem Alltag so vielen verschiedenen Ansprüchen gerecht werden,
dass wir sicherlich nicht jede Situation »montessorisch richtig«
meistern können. So harmoniert unser Berufsleben mit seinem
Leistungs- und Zeitdruck nur höchst selten mit unserem Erziehungsalltag und unseren Erziehungsvorstellungen:

Wie sollen wir Eltern den zum Teil widersprüchlichen Anforderungen im Erziehungsalltag gerecht werden? Und dabei noch
unsere Gefühle mit unserem Verhalten in Einklang bringen? Das
heißt, wie werden wir glaubwürdig und selbstbeherrscht? Da ist
man vielleicht erschöpft und müde, soll jedoch selbstbeherrscht
und geduldig auf die kleine Tochter warten, die weinend auf der
Straße steht und die Treppen hochgetragen werden möchte. Die
einen reagieren hier »glaubwürdig« wütend und verärgert über das
schreiende Kind. Die anderen stecken ihre Gefühle »selbstbeherrscht« zurück und gehen dem weinenden Mädchen verständ-
nisvoll entgegen.

Doch wie auch immer: Es bleiben entweder die Gefühle der
Mutter oder die des Kindes unberücksichtigt. Die nicht ausge-
drückten Gefühle zeigen sich dann in der Regel nonverbal. Indem
die Mutter etwa extrem körperlich angespannt ist und dem Kind
eine Doppelbotschaft sendet: Ich komme dir zwar freundlich
schauend entgegen, aber mein Körper will dich eigentlich gar nicht
anfassen. Da mag es nicht verwundern, dass das Kind nicht zu
schreien aufhört, da es ja spürt: »Hier stimmt was nicht.« Ist man
aber glaubwürdig und motzt mit dem Kind, hört das Kind meistens auch nicht auf zu schreien. Also könnte die Mutter auch ehrlich sein und dem Kind sagen: »Tut mir Leid, ich bin jetzt selbst so
müde, dass ich dich nicht tragen kann.«

Häufig verhalten wir Eltern uns selbstbeherrscht und meinen, unsere Gefühle verbergen zu müssen, weil es so »besser« sei. Aber wer sagt uns das? Es ist sicher aufrichtiger, unseren Kindern gegenüber unsere Gefühle zu zeigen, auch wenn es negative Gefühle sind. Das bedeutet natürlich nicht, sie in aller Negativität auszuleben. Seine Gefühle zu unterdrücken kann im Extremfall zu gewalttätigen Übergriffen auf Kinder oder zu starken Depressionen oder Suchtverhalten der Eltern führen.

Ein erster Schritt zu einem angemessenen Umgang mit seinen Gefühlen ist, sich ihrer zunächst bewusst zu sein: »Unabhängig von den Erwartungen an mich bin ich heute aber müde, und der Berufsalltag strengt mich nun mal an.« Wir können versuchen, diese primären Gefühle bereits frühzeitig zu äußern. Und nicht erst zu schimpfen, wenn das Kind uns »belästigt«.

Probleme in einzelnen Situationen lassen sich also entschärfen, indem sie der Person zugeordnet werden, die sie gerade hat. Wenn unser Kind kein Eis bekommt und weint, dann ist das sein Problem. Wir brauchen es nicht zu unserem zu machen.

Besser als sich zu perfektionieren ist es, ehrlich zu sich und seinen Kindern zu sein. Kinder verstehen mehr, als man oft annimmt. Sie verstehen, dass wir gerade müde sind, wenn auch wir uns bemühen, sie zu verstehen.

So wenig es unser Ziel sein darf, perfekte Montessori-Eltern zu werden, so wenig darf es unser Ziel sein, perfekte Montessori-Kinder zu erziehen.

Was tun, wenn unser Kind anders will als wir?

Auch wenn wir versuchen, die Umwelt unserer Kinder möglichst kindgerecht zu gestalten, heißt dies nicht, dass es dann zu keinen Konflikten mehr kommt. Selbst wenn wir Erwachsenen uns bemühen, die natürlichen Bedürfnisse des Kindes zu stillen, so sind wir doch Menschen mit Grenzen, und auch unser Alltagsleben schränkt die Kinderwelt ein. Wir müssen manchmal deutlich Nein sagen. Hierdurch erfahren Kinder Enttäuschungen, was Tränen, Wut oder Traurigkeit hervorruft. Es darf nicht darum gehen, solche Enttäuschungen auszugrenzen. Im Gegenteil, Kinder müssen lernen, mit solchen Frustrationen umzugehen.

Gerade kleine Kinder schreien und weinen, wenn sie etwas nicht bekommen. Erst langsam lernen sie zu vertrauen, dass sie etwas später bekommen oder dass sie etwas anderes bekommen. In den ersten Lebensjahren jedoch fühlen Kinder immer nur das, was gerade passiert, und dieses Gefühl überschattet dann alles andere. Wir Erwachsenen hingegen haben gelernt, unsere momentanen Gefühle zu relativieren, indem wir sie überdenken.

Jeder Mensch muss das Recht haben, über Enttäuschungen verärgert oder traurig zu sein. Wichtig ist, mit diesen Gefühlen angemessen umzugehen, sie z.B. als momentane Erscheinungen anzuerkennen und sie nicht etwa rachsüchtig auszuleben. Damit auch unsere Kinder das lernen, können wir Eltern ihnen sagen: »Ich sehe, das macht dich ganz wütend. Das tut mir Leid.« Und trotzdem sollten wir bei unserem Nein bleiben. Oftmals fließen dann ein paar Tränen, doch damit ist auch der Ärger herausgeflossen und setzt sich nicht im Kind fest. Wenn wir Erwachsenen aber gegen solche kindlichen Gefühle vorgehen, z.B. sagen: »Jetzt höre aber mit dem Geschrei auf, du bist aber gar nicht lieb«, verstärkt sich bei einem Kind die Enttäuschung.

Kinder verstehen anfangs nicht, warum wir sie enttäuschen (warum sie beispielsweise nicht so viel Süßes essen dürfen, warum sie nicht mit dem teuren Computer spielen dürfen usw.). Es ist wichtig, Kindern unsere Verbote und unsere Regeln zu erklären und zu zeigen, dass viele dieser Regeln auch für uns Erwachsene gelten.

Die nachfolgenden Beispiele aus dem Alltag sollen noch einmal konkreter verdeutlichen, was wir tun können, wenn unser Kind etwas anderes möchte als wir.

Was tun, wenn ein Kind mit ausgeprägter Kreativität aus seiner Umschüttübung bei Tisch etwas ganz anderes macht? Wenn es das Wasser extra neben das Glas schüttet, um dann in der kleinen Wasserpfütze zu spielen, anstatt – ganz »montessorisch« – einen Lappen zu holen und das Wasser wegzuwischen?

Natürlich spielen Kinder gerne mit Wasser. Sollten wir es dann nicht plantschen lassen? Dem Kind ist das Wasserplantschen natürlich wichtiger, als das Wasser wegzuwischen. Uns hingegen ist eventuell wichtiger, dass bei Tisch gegessen und nicht gespielt wird, weil es sonst zu unruhig wird oder das Kind darüber sein Essen vergisst. Um beides zu respektieren – den Spieltrieb des Kindes und unsere Vorstellungen –, ist es sinnvoll, dem Kind eine Alternative anzubieten. Indem wir ihm beispielsweise ein Tablett mit Wasserschüsseln auf dem Küchenboden oder auf der Terrasse zur Verfügung stellen. Hier kann es seiner Fantasie freien Lauf lassen und seinem Vergnügen am Wasserplantschen nachgehen. Gleichzeitig bemerkt es deutlich eine wichtige Grenze: kein »Geplantsche« auf dem Tisch – der ist zum Essen und Arbeiten da.

Und was können wir tun, wenn unser Kind sich die Schuhe eigentlich schon selbst zubinden kann oder sich das Frühstücksbrot selbst machen kann und es trotzdem will, dass wir ihm die Schuhe zubinden oder das Brot schmieren? Vor allem gerade mal wieder dann, wenn wir es eilig haben. Wir sollten bedenken, dass sich zu dem natürlichen Bedürfnis der Kinder, es selbst zu tun, das ebenfalls sehr ausgeprägte Bedürfnis nach Aufmerksamkeit und Nähe gesellt. Oftmals wollen Kinder mit solchen Bitten die Aufmerksamkeit eines Elternteils für sich gewinnen. Da wir Erwachsenen in unserem Alltag leider nicht immer die entsprechende Ruhe und Zeit für unsere Kinder haben, kann es leicht zu solchen Kinderbitten kommen.

Manchmal helfen hier Kompromisse, wie z.B. »Ich schmiere dir heute gerne mal ein Brot, aber morgen musst du es bitte wieder alleine machen.« Wenn wir uns jedoch für ein Nein entschieden haben, dann sollten wir ruhig und klar sagen: »Nein, es tut mit leid, aber ich mache gerade etwas anderes.« Wir sollten jedoch unser klares Nein nicht durch Erklärungen und Diskussionen aufweichen. Es ist wichtig, hier eindeutig zu bleiben.

Es wird häufiger vorkommen, dass wir bestimmte Erwartungen an unser Kind haben, unser Kind sich aber gar nicht danach verhält. Wir meinen vielleicht, unser Fünfjähriger müsste der Tante freundlich die Hand geben und »Guten Tag« sagen. Das Kind hingegen schaut die Tante nicht einmal an, sondern ist sofort neugierig damit beschäftigt, ihr Geschenk auszupacken. Schnell neigen wir dazu, dem Kind die freundliche Begrüßung abzuringen. Es ist aber fraglich, ob Kinder Freundlichkeit unter Zwang erlernen oder durch unser Vorbild und die Gestaltung ihrer Umwelt insgesamt. Bei manchen Eltern stellt man sich allerdings schon die Frage, ob sie selbst den freundlichen Umgangston und die freundlichen Umgangsformen überhaupt beherrschen, die sie von ihren Kindern erwarten. Wie weit sollten wir Kinder zu etwas zwingen, damit sie sich so verhalten, wie wir es für angemessen erachten? Manche Eltern formulieren beispielsweise: »Ich erwarte aber mehr

Ordnung von meiner Tochter.« Oder: »Ich erwarte aber, dass mein Kind sich abends alleine schlafen legt.« Ohne zu fragen: Wie steht mein Kind dazu? Wie lernen Kinder eigentlich Ordnung (nämlich durch viele Erfahrungen) oder wie werden sie so selbstständig, dass sie alleine ins Bett gehen?

Wie wir bei der Montessori-Methode sehen konnten, brauchen Kinder Zeit und bestimmte Bedingungen, um freundlich und selbstständig zu werden und Ordnung zu halten. Und vor allem sollten wir beachten, dass die wenigsten Kinder so werden, wie es sich ihre Eltern wünschen. Unsere Erziehungsziele zählen weniger als der individuelle Bauplan eines jeden Kindes.

Grenzen der Montessori-Pädagogik und Ausblick

Auch wenn die Montessori-Pädagogik viele positive Anregungen formuliert, so gibt es doch zu Recht immer wieder einige kritische Fragen von Eltern.

Ein kritischer Punkt besteht (bei vielen Konzepten) darin, dass uns ideale Formulierungen und Ideen angeboten werden, dass wir jedoch selten gezeigt bekommen, wie wir all dies umsetzen können. In der Montessori-Pädagogik ist ausführlich beschrieben, wie wir Erwachsenen sein sollten und was zu tun das Beste sei. Doch wie wird man geduldiger, einfühlsamer und hat mehr Zeit für Kinder, wenn unser Alltag und die selbst erfahrene Erziehung ganz anders aussehen? Und wie überwindet man Hochmut und Zorn? Diese Vorbereitung auf die Erziehung wird nicht beschrieben. Für diese müssen wir Eltern selbst sorgen. Es bleibt uns also nur, sich mit anderen Eltern oder FreundInnen auszutauschen, Vorträge und Seminare zu besuchen und die eine oder andere Technik einmal auszuprobieren.

Wenn wir Eltern uns allerdings nicht genügend auf die Erziehung vorbereiten und uns nicht entsprechend verändern, dann übernehmen wir vielleicht einzelne pädagogische Techniken, um sie letztendlich doch nur für unsere eigenen Zwecke und Vorstellungen zu nutzen. Die Idee der Freiheit und des Lernens im eigenen Rhythmus klingt gut – doch wie soll man sie dem eigenen Kind nahe bringen, wenn man eigentlich nicht in die natürlich angelegte Lernwilligkeit seines Kindes vertraut? Wir sind ja in der Regel auch nicht auf diese Weise groß geworden.

Ebenso hinterfragen Eltern häufig die Vorstellung von und den Umgang mit der kindlichen Fantasie und Wildheit in der Montessori-Pädagogik. Montessoris Menschenbild zeigt deutlich, dass die Pädagogin sehr von der Vorstellung geleitet war, Kinder verfügten über eine noch sehr ungeordnete und wilde Fantasie, die im Laufe der kindlichen Entwicklung zu ordnen sei. Montessoris Ziel ist der Mensch mit geordnetem Geist.

Hier besteht aber die Gefahr, die kindliche Fantasie abzuwerten und einzuengen. Wo bleibt da Platz für das kreative Chaos und die wilde Fantasie, wie wir sie etwa bei großen KünstlerInnen rühmen? Und wo ist in diesem Konzept Platz für die Kreativität, mit der man neue Erfindungen und Entdeckungen macht? Bereits bei den Materialien wird deutlich, dass immer ein unausgesprochenes Ziel mitverfolgt wird: das ruhige, aktive, gut gelaunte Kind.

Solche Kinder sind für uns Eltern natürlich umgänglicher als die wilden. Gerade hier sollte man jedoch aufpassen, denn kein Kind kann sich den ganzen Tag im Sinne der Montessori-Übungen konzentriert beschäftigen. Es gibt Zeiten, da weinen Kinder, weil sie müde sind oder weil sie etwas bedrückt oder weil sie sich nicht entscheiden können, ob sie das eine oder das andere machen wollen. Oder sie wollen herumspringen, klettern, laut sein und sich austoben.

Wir sollten in solchen Momenten nicht versuchen, den Kindern Montessori-Übungen anzubieten, um sie zu beruhigen. Denn dann lassen sich die wenigsten Kinder darauf ein. Vielmehr müssen wir manches Kindergefühl kurzzeitig aushalten, eventuell trösten oder nach alternativen Spielmöglichkeiten für unser Kind suchen.

Manche Eltern wollen wissen, wie man mit Kindern umgeht, die beispielsweise aus einer Zahlenstange ein Schwert machen und damit im Rollenspiel die aufregendsten Abenteuer erfinden und durchleben. Für die kindliche Psyche sei dies gut, sagt die Entwicklungspsychologie. Doch entsprechend der Montessori-Methode müsste das Kind die numerische Stange wieder als numerische Stange zurücklegen.

Diesen Montessori-Aspekt, die Gegenstände nicht zu entfremden, dürfen wir Eltern sicher nicht auf jedes Detail zu Hause übertragen. Im Gegenteil, wir sollten unseren Kindern geeignete Alternativen für ihre regen Ideen anbieten. Ein Stock oder Ähnliches kann genauso gut ein Schwert sein. Wenn es allerdings darum geht, bestimmte Funktionen und Techniken zu lernen, so ist es für Kinder sicherlich hilfreich, die ausgewählten Gegenstände nur für diese eine Funktion zu benutzen. Dadurch werden sie eindeutiger.

Eine weitere Grenze der Montessori-Methode besteht darin, dass die Übungen und Materialien zwar jeweils einer kindlichen Entwicklungsphase entsprechen und ein Kind hier mühelos und interessiert lernt. Doch leider lernt sich nicht alles im Leben so leicht. Nicht alle Kulturtechniken, nicht alle Arbeiten, weder ein Musikinstrument noch anspruchsvollere Sportarten lassen sich derart leicht beherrschen. Irgendwann gelangen Kinder an den Punkt, an dem mehr als Neugierde und Interesse nötig sind. Und doch sollten Kinder die Ausdauer und Kraft aufbringen, diese Sache weiterzuführen. Für diese Fälle bietet die Montessori-Methode keine konkreteren Anregungen. Vielleicht müssen wir Eltern hier doch gelegentlich mit Belohnungen und Unterstützungen motivieren. Auch wir brauchen ja hin und wieder Anerkennung und Bestärkung.

Ein weiterer Kritikpunkt – der zwar weniger von Eltern angesprochen wird, aber dennoch zu beobachten ist – bezieht sich auf folgendes Missverständnis: »Das Kind in den Mittelpunkt stellen« bedeutet nicht, nur noch das Kind zu sehen, es den ganzen Tag zu beobachten und die kindlichen Bedürfnisse über die eigenen Bedürfnisse zu stellen. Das ist nicht das, was Kinder wollen und brauchen. Im Gegenteil, sie brauchen Zeit, in der sie selbstständig und von Erwachsenen ungestört spielen und sich erproben können. Sie brauchen dringend unsere Grenzen, die sehr wohl auch darin bestehen können, dass wir etwas nicht wollen, nicht können oder später machen werden.

Wichtig sind nur spezielle Zeiten am Tag, in denen jedes Kind allein unsere volle Aufmerksamkeit und Zuwendung erhält. Manche Kinder benötigen vielleicht etwas mehr, andere etwas weniger. Vor neuen oder in schwierigen Lebenssituationen brauchen viele Kinder mehr Aufmerksamkeit. Ansonsten reicht es, wenn wir die kindliche Umwelt so gestalten, wie oben beschrieben, so dass Kinder eben auch ohne unsere Hilfe und ohne unsere Kommentare zurechtkommen.

Zum Schluss sei noch eine kritische Anmerkung zu den in diesem Buch beschriebenen Sprachtechniken von Thomas Gordon gemacht. Auch diese Sprachtechniken funktionieren nicht in jeder Situation und nur begrenzt im Umgang mit Kleinkindern. Die Sprache der »Annahme« lässt sich sicher gut auf unsere Gespräche mit kleinen Kindern anwenden. Doch man spiegelt damit die Probleme des Kindes mit dem Ziel, dass es selbst eine Lösung dafür findet. Da sagt ein Kind: »Ich habe Angst«, und man wiederholt: »Ich höre, du hast Angst.« Daraufhin soll das Kind erzählen und eine eigene Lösung für seine Angst finden. Doch um eine eigene Lösung zu finden, muss ein Kind bereits einige Erfahrungen gemacht und diese innerlich geordnet haben. Dann erst kann es ein neues Problem dazuordnen und seine eigene Lösung finden.

Diese verbale Spiegelung überfordert kleine Kinder noch manchmal. Deshalb sollte der Rahmen einer kindgerechten Umwelt hinzukommen, in der sich der absorbierende und ungeordnete Geist entwickeln kann. Dieser ermöglicht, eigene Lösungen für Probleme zu finden.

Obwohl die Montessori-Methode manchmal an ihre Grenzen stößt, bleibt es lohnenswert, einige der in diesem Buch zusammengetragenen Anregungen im eigenen Erziehungsalltag auszuprobieren und uns um den Perspektivewechsel in der Erziehung zu bemühen. Vertrauen wir auf die Möglichkeiten, die in uns und unseren Kindern liegen. Vielleicht entdecken wir noch weitere Techniken, die wir in unseren Familienalltag integrieren können.

Neben den vielen konkreten Erziehungsfragen wirkt auch der Schulbesuch des Kindes in den Familienalltag hinein. Leider verläuft der Schulbesuch nicht immer unproblematisch, doch man wünscht sich ja eine gute, förderliche Schule. Deshalb suchen immer mehr Eltern nach der richtigen Schule. Doch es stellt sich die Frage, was die richtige Wahl ist.

Zum Schluss dieses Buchs sind einige Auswahlkriterien und die wesentlichen Grundlagen einer Montessori-Schule – als eine von verschiedenen Schulalternativen – zusammengestellt. Jedoch steht die Schulwahl mehr im Vordergrund als die ausführliche Beschreibung einer Montessori-Schule. Auch auf die Beschreibung anderer Schulmodelle wurde in diesem Rahmen verzichtet. Hierzu sei auf die weiterführende Literatur (beispielsweise das Buch ›Montessori-Schulen‹ von Barbara Esser und Christiane Wilde, s. Literaturvorschläge) verwiesen.

Wie wähle ich die richtige Schule
für mein Kind?

Gerne möchte man eine besonders gute Schule für sein Kind aus-
suchen, doch es gibt bei staatlichen Grundschulen in Deutschland
keine freie Schulwahl. Immer mehr Eltern suchen die »gute«
Schule in einer privaten Schule mit einem alternativen pädagogischen Konzept. Und das, obwohl dies meistens mit einigen Kosten
verbunden ist. Viele Privatschulen erheben einen monatlichen Bei-
trag, der zwischen ca. 100 und 400 Euro liegt.

Es gibt mittlerweile viele Privatschulen in Deutschland, vor
allem Waldorf- und Montessori-Schulen. Aber was ist eine gute
Schule? Bisher gibt es hierfür wenig Maßstäbe. Allerdings lässt sich
sagen: Gute Schulen erkennt man weniger an den guten Leistungen
ihrer SchülerInnen als an ihrer guten Atmosphäre und einem Konsens zwischen LehrerInnen, Eltern und SchülerInnen.[44] Wenn eine
Schule ein lebensnahes, kindgerechtes Konzept hat, über das sich
alle Beteiligten am Schulleben weitestgehend einig sind und das
gemeinsam verwirklicht wird, so kann man davon ausgehen, dass
diese Schule (ob es eine Regelschule oder eine Privatschule ist) eine
gute Schule ist. Nur leider ist eine solche Schule noch nicht so häufig zu finden.

Doch auch die staatlichen Schulen scheinen sich zu verändern:
Der Lernplan für Grundschulen ist deutlich kindgerechter ge-

[44] Was neuere Schulvergleichsuntersuchungen belegen. Siehe u.a. Schul-
politik im Widerstreit. Brauchen wir eine andere Schule? Herausgegeben
von Kurt Aurin und Horst Wollenweber. Bad Heilbrunn 1997. Und die
PISA-Studie.

worden, berücksichtigt lebensnahe Themen und lässt neue Unterrichtsmethoden (statt Frontalunterricht Freiarbeit, fächerübergreifenden Unterricht, selbstständiges, experimentelles Lernen, Lernzirkel usw.) zu.

Wenn Eltern eine alternative Schule für ihr Kind auswählen, so sollten drei Fragen geklärt sein:

1. Was sind meine Erwartungen an eine Schule?

Erwartet man in erster Linie Leistung und dass die LehrerInnen das Lerntempo und Lerninteresse des Kindes vorantreiben, oder erwartet man, dass die LehrerInnen den SchülerInnen die Freiheit lassen, sich im eigenen Rhythmus zu entwickeln? Oder soll die Schule das soziale Lernen in den Vordergrund stellen, besonders lebensnah oder besonders praktisch sein?

2. Was sind die speziellen Bedürfnisse meines Kindes?

Benötigt mein Kind didaktisches Spielzeug, um sich konzentriert mit etwas zu beschäftigen? Benötigt es anschauliche und konkrete Materialien, um neue Dinge zu erlernen? Oder lernt mein Kind sehr leicht, aber sein Sozialverhalten lässt noch zu wünschen übrig. Muss es sich viel bewegen, und gelingt es ihm noch nicht, längere Zeit still zu sitzen? Experimentiert es gerne oder beobachtet es viel lieber erst einmal, wie andere es machen, um es dann selber auszuprobieren? Benötigt mein Kind klare Grenzen und Ordnungen oder kann es sich schnell und gut auf unterschiedlichste und abwechslungsreiche Situationen einstellen? Benötigt mein Kind viel Freiheit und Zeit für fantasievolle Spiele oder fantasievolle Beschäftigungen? Und wie wichtig sind meinem Kind die FreundInnen aus dem Kindergarten, findet es leicht neue? Denn eine Schule außerhalb des Schulbezirks schließt meistens auch den Verlust der KindergartenfreundInnen ein.

3. Welches pädagogische Konzept passt zu meinen Erwartungen und Vorstellungen und zu den Bedürfnissen meines Kindes?

Da das Montessori-Konzept auf die individuellen Bedürfnisse

eines jeden Kindes eingeht, da es seit geraumer Zeit weltweit erfolgreich umgesetzt wird und da sich zeigt, dass Kinder dort kognitiv und sozial viel lernen, entscheiden sich Eltern zunehmend für eine Montessori-Schule. Allerdings hat Maria Montessori selbst nie eine ideale Schule entworfen, sondern ein allgemeines pädagogisches Konzept formuliert. Deshalb gibt es nicht *die* Montessori-Schule, sondern Montessoris Methode wird unterschiedlich umgesetzt. Eine Schule umfasst aber mehr als nur eine Methode.

Vor dem Hintergrund des Montessori-Konzepts können wir allgemein folgende *besondere Grundlagen und wesentliche Merkmale einer Montessori-Schule* zusammenfassen:

- Das Konzept basiert auf der Voraussetzung, dass jedes Kind neugierig und lernwillig ist und seine Welt erfahren will. Kinder können sich mit anregenden Materialien längere Zeit intensiv und konzentriert beschäftigen.
- Die LehrerInnen schaffen mit didaktischen Materialien für die Kinder eine »vorbereitete Umgebung«.
- Die Materialien ersetzen die Schulbücher, sie stellen einen sinnlichen Schlüssel zur Welt dar.
- Die Kinder können in der Freiarbeit, dem Herzstück der Montessori-Schule, die Art und Dauer ihrer Arbeit frei wählen.
- Die vorbereitete Umgebung bietet eine Ordnung, die von der Sache her bestimmt ist und zu eigenverantwortlicher Disziplin und innerer Ordnung führen soll.
- Die Schüler und Schülerinnen können sich während der Freiarbeit frei im Raum bewegen und werden dadurch beweglich.
- In einer eingeübten Klasse arbeiten die Kinder zunehmend ruhiger.
- Kinder verschiedener Altersgruppen, in Deutschland meistens die Kinder der Klassen 1 bis 4, lernen in einer jahrgangsgemischten Klasse gemeinsam.

- Jedes Kind folgt seinem individuellen Lernrhythmus.
- Tests, Diktate und Leistungskontrollen machen die SchülerInnen, wenn sie den Wissensstand dafür erreicht hat. Also bestimmt jede/r Schüler/in den Zeitpunkt hierfür selbst, durch ihren/seinen eigenen Lernrhythmus.
- Noten sind nicht vorgesehen; es sollte ausführliche und an das Kind gerichtete Berichte über die Lernentwicklung geben.
- Die LehrerInnen nehmen eine helfende, dienende und passive Funktion ein. Sie verstehen sich mehr als ein Teil der Umgebung, damit die Kinder aktiv sein können.
- Lehrer und Lehrerin müssen zur Reflexion und Selbsterziehung fähig sein.
- In einer solchen natürlichen Arbeitsgemeinschaft herrscht selten Konkurrenzdenken. Durch gegenseitige Hilfe üben die Kinder ein gutes soziales Miteinander.

Um sich für eine Montessori-Schule entscheiden zu können, sollten wir herausfinden: Wie viel Freiarbeit bietet sie an? Sind in der Freiarbeit Co-Kräfte eingesetzt, die ebenfalls einzelne Kinder in Materialien einführen? Gibt es einen Wochenplan? Wie ausführlich wird bewertet und ist er für das Kind verständlich? Wie werden die SchülerInnen bewertet? Wie viel Freiheit lassen die Lehrkräfte den einzelnen Kindern bei der Wahl ihrer Arbeiten und für ihren Lernrhythmus? Wie stark leiten die LehrerInnen die SchülerInnen? Welcher Umgangston wird im Unterricht und bei Elterngesprächen gepflegt? Wie sehr belohnt und bestraft die/der jeweilige LehrerIn? Sind die Lehrkräfte bereit zu persönlichen Veränderungen?

Je nach Schule und LehrerIn kann es hier deutliche Unterschiede geben. Es sei angemerkt, dass manche LehrerInnen einer staatlichen Schule überzeugender wirken können als »eingefleischte« Montessori-LehrerInnen.

Zum Abschluss sei noch eine Frage beantwortet, die Eltern häufig zu Montessori-Schulen stellen: »Kann es zu Problemen kommen, wenn das Kind von einer Montessori-Schule in eine Regelschule wechselt?« In vielen Berichten zeigt sich deutlich, dass Kinder diesen Wechsel gut verkraften. Maria Montessori selbst behauptete, dass Kinder, die ein Jahr eine Montessori-Einrichtung besucht haben, aus dieser gestärkt und lebenstüchtiger herausgingen. Viele LehrerInnen und Eltern berichten genau dasselbe: Auffallend sei die besondere Selbstständigkeit und das gute Sozialverhalten dieser Kinder. Wobei sie vom Leistungsstand nicht besser, jedoch vergleichbar mit Gleichaltrigen seien.

Adressen für Montessori-Interessierte

Montessori Dachverband Deutschland e.V.
Geschäftsstelle
Feldbergstraße 2
65830 Kriftel
www.montessori-deutschland.de

Deutsche Montessori-Gesellschaft
Butterblumenweg 5
65201 Wiesbaden
www.montessori-gesellschaft.de

Montessori-Vereinigung Sitz Aachen e.V.
Xantener Straße 99
50733 Köln
www.montessori-vereinigung.de

Deutsche Heilpädagogische Vereinigung e.V.
Karl-Sauer-Straße 5
76829 Landau

Association Montessori Internationale (AMI)
161 Kiniginneweg
NL-1075 Amsterdam
www.montessori-ami.org

Österreichische Gesellschaft für Montessori-Pädagogik
Hüttelbergweg 5
A-1140 Wien
www.montessori.at

Montessori Europe
Charlet Daheim
CH-6382 Büren
www.montessori-europe.com

Literaturvorschläge

Die für Eltern besonders interessanten Bücher sind kurz kommentiert.

Badinter, Elisabeth: Die Mutterliebe. München: dtv 1988.
Interessante Beschreibung der geschichtlichen Entwicklung der Mutterliebe, die sich vom 17. Jahrhundert bis heute deutlich gewandelt hat. Badinter zufolge ist die Mutterliebe ein Mythos. Ein sehr sachlich geschriebenes Buch.

Bettelheim, Bruno: Kinder brauchen Märchen. München: dtv 1980.
Nicht immer leicht zu lesen, aber das Buch zeigt sehr gut, wie wichtig Märchen und ihre symbolischen Themen für die Entwicklung eines Kindes sind. Bietet dabei gleichzeitig Einblick in die Psychologie des Kindes.

Biebricher, Helga; Speichert, Horst: Montessori für Eltern. Reinbek: Rowohlt Taschenbuch Verlag 1999.
Erkenntnisse der Montessori-Pädagogik werden durch neuere Forschungen theoretisch und durch Erfahrungsberichte fundiert. Am Ende einige praktische Beispiele für Eltern.

Böhm, Winfried (Hg.): Maria Montessori. Texte und Diskussionen. Bad Heilbrunn: Klinkhardt 1978.

Esser, Barbara; Wilde, Christiane: Montessori-Schulen. Reinbek: Rowohlt Taschenbuch Verlag 1989.
Gut leserlich, bietet dieses Buch Eltern viele Informationen über Montessori-Schulen. Was kennzeichnet eine Montessori-Schule, was ist Freiarbeit, ein Wochenarbeitsplan usw. Immer mit klaren Beispielen.

Fuchs, Brigitta; Harth-Peter, Waltraud (Hg.): Montessori-Pädagogik und die Erziehungsprobleme der Gegenwart. Würzburg: Königshausen & Neumann 1989.

GEO-Wissen: Kindheit und Jugend, Nr. 2/September 1983.
Gibt anhand verschiedener Aufsätze und neuerer Forschungsergebnisse einen neuen Blick auf Neugeborene, Kinder und Jugendliche.

Gordon, Thomas: Familienkonferenz. Reinbek: Rowohlt Taschenbuch Verlag 1984.
Ein sehr lesenswertes und praktisch anregendes Buch für eine verbesserte Kommunikation in der Familie.

Haberl, Herbert (Hg.): Montessori und die Defizite der Regelschule. Freiburg, Wien: Herder 1993.
Interessante Aufsätze zu aktuellen Schulthemen, zum Teil mit praktischen Anregungen: z.B. von der kosmischen Erziehung zur Umweltpädagogik, Montessori-Pädagogik und Begabtenförderung und die Integration von Behinderten. Manchmal etwas wissenschaftlich.

Hainstock, Elisabeth: Montessori zu Hause. Freiburg: Hyperion 1971.
Erklärt einige Montessori-Materialien und bietet Anleitungen, Materialien selbst herzustellen. Allerdings beschränkt sich die Erläuterung der Montessori-Pädagogik hier auf Montessori-Materialien. Hainstocks Vorschlag ist die Einrichtung einer »Schulstube« zu Hause.

Hedderich, Ingeborg: Einführung in die Montessori-Pädagogik. München: Ernst Reinhardt 2001.
Anschaulich wird in die Grundlagen der Montessori-Pädagogik eingeführt und es werden viele Montessori-Materialien vorgestellt. Das Buch beschreibt die Montessori-Pädagogik in Kinderhaus und Schule und nimmt keinen direkten Bezug auf die Familienerziehung.

Hesse, Hermann: Lektüre für Minuten. Frankfurt/Main: Suhrkamp 1980.

Holstiege, Hildegard: Erzieher in der Montessori-Pädagogik. Freiburg: Herder 1981.

Ein wissenschaftlich fundiertes Werk.

Kramer, Rita: Maria Montessori. Frankfurt/Main: Fischer 1995.

Gut leserliche Biografie.

Montessori, Maria: Das Kind in der Familie. Stuttgart: Klett 1954.

Kleiner Band, der Vorträge von Maria Montessori aus dem Jahr 1923 zusammenfasst. Eines der wenigen Werke, in denen sich Montessori direkt auf die Familienerziehung bezieht. Wie in allen Werken Montessoris zeigt sich auch hier ihre blumige, metaphorische Sprache.

Montessori, Maria: Kinder sind anders. München: dtv/ Klett-Cotta 1987.

Ein grundlegendes Werk, das ausführlich in Montessoris »neue« Sicht des Kindes und ihr verändertes Erziehungsverständnis einführt. In diesem Buch sind auch Beispiele aus und für den Familienalltag zu finden.

Montessori, Maria: Schule des Kindes. Freiburg: Herder 1997.

Ursprünglich ist dieses Buch 1926 erschienen. Es beschreibt Erfahrungen, die in den Montessori-Schulen unterschiedlichster Länder gemacht wurden, wobei Montessoris praxisbezogene Theorie deutlich wird. U.a. werden der »Blick auf das Kind« und die »Vorbereitung des Lehrers« beschrieben.

Montessori, Maria: Kosmische Erziehung. Freiburg: Herder 1996.

Montessori, Mario: Erziehung zum Menschen. Frankfurt/Main: Fischer 1984.

Ein Buch vom Enkel Maria Montessoris. Er verbindet Gedanken der Montessori-Pädagogik mit denen der Psychoanalyse.

Nienhuis Montessori, Zelhem/Niederlande, Firmenkataloge.

Seitz, Marielle; Hallwachs, Ursula: Montessori oder Waldorf? Ein Orientierungsbuch für Eltern und Pädagogen. München: Kösel 1996.

Steenberg, Ulrich: Kinder kennen ihren Weg. Ulm: Kinders 1997. Eine Einführung in die Grundgedanken der Montessori-Pädagogik anhand der persönlichen und religiösen Erfahrungen eines Lehrers und Vaters.

Turecki, Stanley; Tonner, Leslie: Das schwierige Kind. München: Knaur Taschenbuch Verlag 1995.

Ein Buch, das sich für ein neues Verständnis »schwieriger« Kinder einsetzt. Und das die Probleme, die Eltern mit schwierigen Kindern haben, nicht beschönigt. Stanley Turecki ist selbst Vater eines so genannten schwierigen Kindes. Das Buch bietet sehr praktische Hilfen (Fragenkataloge und wirksame Maßnahmen).

Watzlawick, Paul: Wie wirklich ist die Wirklichkeit? München: Piper 1978.

Ein populärwissenschaftliches, amüsant geschriebenes Buch. Es zeigt anhand vieler Beispiele, dass unsere Wirklichkeit das Ergebnis unserer Kommunikation ist.

Wild, Rebecca und Mauricio: Erziehung zum Sein. Erfahrungsbericht einer aktiven Schule. Emmendingen: Arbor-Verlag 1995.

Valentin, Lienhard: Mit Kindern neue Wege gehen. Reinbek: Rowohlt Taschenbuch Verlag 2000.

Der Autor verbindet eigene Ideen mit Ansätzen der Gestaltarbeit, familientherapeutischen Aspekten, Beispielen aus der Arbeit von Emmi Pickler sowie Rebecca und Mauricio Wild.